Inhalt

Prolog

Nida

Meine Geschichte *Seelenwege* endet dort, wo das wirkliche Leben anfängt. Das wirkliche Leben? Ich muss mich selbst unterbrechen: Was ist das wirkliche Leben? Mein Dasein hier in Deutschland oder die Zeit mit Guai Yaga, der weisen Schamanin aus der Mongolei? Die Wochen mit ihr waren wie eine zweite Geburt, eine lange schamanische Reise zu meiner Seele, meiner Kraft, meiner Liebe. Die alte Schamanin, die endlose Weite der Steppe – beides lebt in mir. Und doch gehöre ich hierhin. So ist es richtig für mich, jetzt, zu dieser Zeit. Doch wer weiß, was noch kommt …

Seitdem ist vieles passiert. Ich habe erkannt, dass ich meinen Platz einnehmen darf, dass ich überhaupt einen Platz habe und dass es keine Lösung ist, zu fliehen, nur weil ich Angst davor habe, zu zeigen: Hier bin ich – so bin ich! Ich bin zurückgekehrt an den Ort, dessen Landschaft seine Signatur in meine Gene geschrieben hat – was man wohl Heimat nennt. Ich bin angekommen in meinem Leben. Ich gehe meinen Aufgaben nach und weiß, dass es meine Liebe ist, die diese Aufgaben zu etwas Wertvollem macht, ganz gleich, was es ist. Und das ist die Herausforderung – im Herzen zu bleiben, ich selbst zu sein und mein Leben zu gestalten. Guai Yaga ist zufrieden mit mir.

Zehn Jahre sind seither vergangen. Ausgelöst durch meine Geschichte, durch meine Reise zur alten Schamanin oder vielmehr zu mir selbst, erreichten mich viele Briefe von überall her – von Frauen, die endlich ihren *Seelenweg* gehen wollen. Manche sind bereits ein Stück dieses Weges gegangen, doch viele stehen noch unschlüssig vor dem Wagnis des ersten Schritts. Und mit all diesen Briefen erreichten mich auch ihre wiederkehrenden Fragen, ihre Wünsche und ihre Verzweiflung:

»Wie gelingt es mir im Leben, die zu sein, die ich wirklich bin?«
»Wie entdecke und lebe ich die in mir wohnende Kraft?«
»Wie bleibe ich ich selbst, wenn der Fluss des Lebens mich
wieder einmal von den Beinen zu reißen droht?«
»Wie kann ich mir ein Leben gestalten, in dem ich mich vollends
zu Hause fühle?«
»Wie nur soll ich den Mut zu all dem finden – den Mut zu
meinem Glück, zu meinem *Seelenweg*?«

Ich bin demütig und dankbar dafür, dass meine Geschichte so viele Frauen wachgerüttelt hat, dass sie Kräfte freisetzt und übereinstimmend eine Sprache gefunden hat – die Sprache von Seele zu Seele … Und eines habe ich sehr wohl bei der alten Schamanin gelernt: Die Aufgaben, die sich dir stellen, anzunehmen.

So schrieb ich meiner weisen Freundin, dass wir Frauen hier ihre Hilfe brauchen. Und Guai Yaga ließ sehr lange auf sich warten. Doch dann antwortete sie, und mit solch einer Antwort hatte ich nicht gerechnet. Nun lag wahrlich eine Aufgabe vor mir: zu lesen, in unsere Sprache zu übersetzen und zu leben, was im Brief der Schamanin an uns herangetragen wurde …

Guai Yaga

… Du hast mich in ihrem Namen um Hilfe gebeten, Nida, im Namen all der Frauen, die ich nicht kenne, denen ich mich aber dennoch verbunden fühle. Wir sind eins, *eine* große Kraft. Einst waren es die Frauen, die die Geschicke dieses wunderbaren Planeten in ihren Händen hielten – und in ihrem Herzen. Können wir dahin zurückkehren? Nur wenn ihr mutig aufsteht. Wenn ihr das Feuer in eurem Herzen entfacht, wenn ihr eure Kraft wiederentdeckt.

So saß ich einen Sommer lang draußen, jede Nacht, eingehüllt in den weisen unendlichen Kosmos und bat die Ahninnen um eine Botschaft. Ich erhielt sie und habe sie für euch aufgeschrieben.

Ihr müsst euch nicht zu mir auf die weite Reise in die mongolische Steppe begeben. Ihr müsst nicht suchend durch die Welt wandern. Ihr müsst euch nur – und das ist die Herausforderung – die lange Reise zu euch selbst, zu eurer Seele, zutrauen. Ihr braucht nicht meine schamanische Kraft – ihr braucht *eure* Kraft. Ihr braucht nicht meine Verbindung zur großen Quelle allen Seins – ihr braucht *euren eigenen* nährenden Zugang. Und ihr braucht nicht meine Weisheit – denn ihr seid selbst weise genug. Ich werde dich und jede einzelne Frau, die ihre innewohnende Kraft befreien will, um ihr Glück zu leben, mit diesem Brief in das Fundament der Seele einweihen. Dies ist der schamanische Weg, das eigene Licht auf allen Ebenen zu entfachen.

Die Frage nach dem ureigenen Weg ist ein Geschenk, dessen ihr euch bewusst sein solltet. Ihr habt die Freiheit als Frauen, die Möglichkeit, euer Leben zu gestalten und damit euer Glück in die Hand zu nehmen. Die Kraft dazu ruht in euch.

Und nun, all ihr weisen Frauen auf Mutter Erde, lasst uns gemeinsam ein Stück wandern, damit ihr heil werdet, damit ihr ganz werdet, und der Mantel der Angst und die Zweifel an der eigenen Größe nicht länger das Licht eurer Seele verhüllen.

Erste schamanische Einstimmung

IHR WEISEN FRAUEN auf diesem Planeten: Kommt in eure Kraft. Ihr werdet gebraucht – jetzt.
Ihr seid die Rettung der Erde, die RETTUNG EURES SELBST. Versteckt euch nicht länger. Entdeckt euer Licht, und tretet aus dem Schatten hervor, der das Strahlen eurer Seele hemmt. Möget ihr, die weisen Frauen, wieder erstarken und das Schicksal unserer Welt, unserer Erde, mit der WEISHEIT EURES HERZENS leiten. Jede von euch – ihr alle. Ihr seid es. Und jede Einzelne ist wichtig. Ihr könnt nicht länger mit halber Seele wirken. Ihr wisst um eure Kraft. Wisst darum und habt kein Zutrauen. Warum? Wer sagt euch, dass ihr nicht diejenigen seid, auf die das Große Ganze wartet? Die QUELLE DER SCHÖPFUNG hat euch alles mitgegeben, was ihr braucht. Sie wartet darauf, dass ihr euer Feuer entfacht, das Feuer eures Herzens, eures Geistes, eurer Seele. Ihr seid aus der bedingungslosen Liebe geboren, der URKRAFT ALLEN SEINS. Doch auf der Erde, in dieser Welt, hat man euch die Angst gegeben. Nun wirken beide Pole in euch. Ihr lebt in der Angst und erahnt doch eure Kraft, die verborgen in euch wohnt, und wartet – wartet auf die Zeit, da ihr bereit seid, mit dem MUT, DER UNS FRAUEN ZU EIGEN IST, mit der Unterstützung all der Ahninnen, die lange vor euch ihren Weg beschritten, vom Feuer aufzustehen und der Welt zu sagen: Hier sind wir! HIER BIN ICH!

Seele und Glück

Nun lass uns gehen. Ich nehme dich bei der Hand, mit jedem meiner Worte. Und irgendwann wirst du merken, dass du alleine weitergehst, nicht, weil ich dir meine Hand entziehen werde, sondern weil du bereit sein wirst loszulassen – weil du mich nicht mehr brauchen wirst. Und ich alte Schamanin habe dann gut gearbeitet.

Ich erzähle dir nun vom Glück der Seele. Das Glück ruht im Herzen. In deinem Geist, in jeder deiner Zellen, in deiner Liebe, in deinem Tun und Schaffen, in deinen Gedanken, in der Stille. Überall dort, wo deine Seele wohnt. Die Weisheit deines Seins, das sind die Kräfte, die dich tragen.

An deiner Seele führt kein Weg vorbei, wenn du der Mensch sein willst, der du wirklich bist. Deine Kraft, dein wahres Sein zu entfalten, bedeutet, das Wagnis einzugehen, Herz und Geist zu öffnen und der weisen Stimme in dir Gehör zu schenken, um dem Leben ein mutiges »Ja!« entgegenzurufen.

Glück ist spürbar, wenn deine Seele von Herzen schwingt. Und alles beginnt mit einer Entscheidung. Wäge ab, ob dein Leben so, wie du es im Moment lebst, zweifellos gut und wahrhaftig ist, oder ob dein Leben nicht wirklich deines ist. Ob nur einige Zweige deines Lebensbaumes gut gedeihen, sicher tragen und der Rest in das Feuer der Verwandlung muss – um sich entsprechend deinem Wesen und deiner inneren Kraft zu erneuern.

Vielleicht sind kleine oder auch schwerwiegendere Veränderungen vonnöten, um dich dem anzunähern, was du dir wirklich vom Leben erhoffst. Wie du sein oder wie du leben willst. Und mit deiner Entscheidung beginnt die Wanderung, in diesem Moment geschieht bereits Veränderung … Umwandlung … die Transformation.

Deinen Seelenweg zu leben, ist dein Glück.
Und beides ist ganz persönlich und individuell.

Dein Weg und dein Glück sind so ureigen und persönlich wie das Meinige für mich. Meine Deutung des Glücks ist, zu wissen, dass ich genau das Leben lebe, das ich – meine Seele, jeder Teil meines Seins – will. Glück im Sinne von »ganz werden und dadurch heil werden«.

Wahrhaftig leben, in aufrichtigen Beziehungen, der Seele Raum für schöpferischen Ausdruck geben, den Körper lieben, stärken, heilen, und in Verbindung mit der Natur und der ewigen spirituellen Quelle der Lebenskraft zu sein – das ist der *Seelenweg,* den ich dir zeige. Er ist nicht einfach und doch erfüllt von innerem Reichtum. Er spiegelt das eigene Sein wider und belohnt deine mutigen Schritte mit lichten Glücksmomenten.

Das, was uns trägt, ist das Glück der Seele, …

… das stark, frei, anhaltend und belastbar ist. Es braucht Zeit, um zu reifen und verlangt uns zuvor einiges an Mühen ab. Aber die Reise lohnt sich.

Wie alles Lebende veränderst du dich ohnehin stetig. Warum also nicht von nun an neue Pfade gehen, Wege freiräumen, durchs Dickicht schlagen, Ordnung schaffen und – endlich – Licht sehen. Richte dafür deine Antennen auf die Frequenz deiner Seele aus, und überlasse ihr die Führung für deinen Weg. Lausche ihrer leisen Stimme, solange sie noch flüstert und nicht in Form von Unfällen, Krankheiten oder Depressionen unmissverständlich deutlich macht, dass etwas in deinem Leben nicht im Einklang mit deinem wahren Selbst steht – sondern am Herzen vorbeiläuft.

Viele haben das Gehör für die Stimme ihrer Seele irgendwann verloren, vielleicht auch bewusst oder unbewusst verdrängt. Sie leben fremdbestimmt durch alte familiäre Aufträge, durch äußerliche Vorgaben, leiden unter selbst gemachten Umständen, Gefühlszwängen oder ungesunden Verstrickungen jeglicher Art.

Dem ewigen alten Teil unseres Seins von Neuem zu begegnen, kann schmerzlich sein. Dieser ist der Schatz in dir, doch wenn du ihn vergessen und lange nicht gewürdigt hast, ist das Wiedersehen möglicherweise mit Trauer verbunden. Die Botschaften deiner Seele können Angst bereiten – aus dem einfachen Grunde, weil dein derzeitiger Lebensentwurf möglicherweise kein Plan deiner Seele ist und war.

Die Dinge zu verdrängen, ist ein Lebensrezept, doch Glück findest du darin nicht. Öffnest du dich wieder bewusst deinem Innersten, kann es geschehen, dass du spürst, dass du unglücklich bist, verletzt oder unzufrieden und nach Veränderung drängst. Das ist kein einfacher Schritt, und er fordert dir ein großes Maß an Beherztheit ab.

Viel leichter ist es da, im Alten zu verhaften. – Leichter ja, aber nur für eine gewisse Zeit. Dann holt dich dein Verlangen nach einem wahren Leben ein, nach *deinem* Leben, deinem Grund, warum du hier bist. Wahrzunehmen, zu erkennen, was du wirklich willst, ist der erste Schritt auf deiner langen Wegstrecke zum Seelenglück.

Du kannst vielen Menschen etwas vormachen, sogar dir selbst, und vielleicht bist du sogar sehr gut darin. Doch deiner Seele kannst du nichts vormachen. Sie ist der unvergängliche wahrhaftige Teil deines Selbst, sie umgibt dich, ruhend, geduldig darauf wartend, dass du endlich aus deiner Kraft heraus handelst. Doch wartet sie vergeblich, wird sie irgendwann in letzter Verzweiflung das Ruder übernehmen. Und das wird dir wahrscheinlich nicht gefallen – es kann und wird vermutlich wehtun.

Gehen wir den ersten Schritt auf dem Weg zu deinem Glück: den Schritt der Ehrlichkeit. Sei ehrlich zu dir selbst und zu den Menschen in deiner Nähe, denn sie werden in einem nicht unerheblichen Maße an deiner Veränderung teilhaben. Das kann zu einer großen Bereicherung in eurem Miteinander führen, zu mehr Nähe und Ausdrucksfülle – doch ebenso zu einem Entwachsen und Auseinandergehen.

Niemand kann und sollte dir sagen, was du tun musst, um ein glücklicheres Leben im Sinne deiner Seelenkraft zu führen. Du weißt es selbst am besten. Nur du kannst dein Leben eindringlich ergründen, im Herzen wirken lassen und letztendlich gestalten.

Sich das Glück zu wünschen, es zu suchen, darauf zu warten oder es als ein Märchen abzutun, hilft nicht weiter. Das Glück gibt es. Und nicht nur in bescheidener Menge, sondern reichlich und satt. Daher möchte ich dir das Folgende mit auf deinen Weg geben …

Zum Glück brauchst du Mut

Mutter Erde sei Dank haben wir Frauen ein starkes Reservoir in uns – den Mut der Weisheit, schier endlose Energie, Durchhaltevermögen, Unermüdlichkeit sowie die Bereitschaft und die Fähigkeit, Schmerz zu ertragen, um daraus nur umso kraftvoller hervorzugehen. Wir verfügen über ein spirituelles Bewusstsein, geschärfte Sinne, Liebe, Einfühlungsvermögen, Schöpferinnenkraft und noch so vieles Wunderbares mehr. Wir tragen die Geschichte und das Wissen aller Frauen in uns. Und wir haben den unerschrockenen weiblichen Willen, uns nicht länger zurückhalten und schwachreden zu lassen.

All das ist deine Kraft! Du hast alles in dir, was du brauchst, um dein Glück und das Glück des Planeten in deine starke weibliche Hand zu nehmen. Und das ist gut so, denn wenn du dich traust, deine Gaben mit Freude zu leben, wird dir die Angst eine treue Wegbegleiterin sein. Sie wird dir in Momenten der Veränderung Unheilvolles ins Ohr flüstern, sie wird dich am Ärmel ziehen und vor dem nächsten wagemutigen Schritt zurückhalten wollen. Sie wird dich vielleicht sogar lähmen. Weil sie dich davor bewahren will, das schützende Gatter zu verlassen. Die Angst ist die Feindin deines Neubeginns – und Bequemlichkeit ist ihre Unterstützung. Die Angst wird dir so manches Mal ins Ohr flüstern, dass es einfacher sei, wenn alles so bliebe wie es ist.

Die alte Freundin Angst ist da, wenn wir unser Leben verändern, Altem entwachsen und das eigene Licht zum Strahlen bringen. Denn sie misstraut fälschlicherweise unserer wahren Größe. Wenn wir eine Beziehung beenden oder eine neue wagen, wird sie uns warnen. Wenn wir uns endlich trauen, die Schmerzen unserer Vergangenheit zuzulassen, wenn wir in der Lage sind, Vergebung auszusprechen, wird sie uns im Nacken sitzen, und die Angst von damals paart sich mit der Angst von heute. Selbst wenn wir in die Verbindung mit der Quelle der Schöpfung treten, wenn wir mit dem unglaublichen Licht des Großen Ganzen, der unendlichen Lebenskraft, in Berührung kommen, können wir die alte Freundin Angst heillos tief empfinden. Weil die dunkelsten und schmerzhaftesten Flecken der Seele aufgespürt und erleuchtet werden.

Die Energie der Angst ist ungeheuer stark. Doch sie ist auch ein Schutz, und das solltest du nicht vergessen. Die Angst will gesehen und im Herzen geheilt werden. Sonst meldet sie sich alsbald immer stärker zu Wort und nimmt dir die Entscheidungen ab. Sie ist ein Teil deines Seins und eine deutliche Stimme dafür, dass du Großes in Bewegung setzt, Veränderungen einleitest und sichere Pfade verlässt. Gefühle, die dich auf deinem neuen Weg begleiten, lassen sich nicht verdrängen. Sie wollen wahrgenommen, wertgeschätzt und im Herzen transformiert werden.

Es ist gut, wenn du der Angst eine Stimme gibst und ihre Einwände ernsthaft prüfst. Sie bleibt deine warnende Freundin, die Seite an Seite mit dir deinen *Seelenweg* beschreitet. Aber die Richtung und das Tempo bestimmst du und nicht die Energie der Angst. Sie darf warnen, dass du vielleicht ein gefährliches Risiko eingehst, doch mehr auch nicht. Denn Angst ist die Gegenspielerin von Vertrauen, Freiheit und Liebe. Und das sind genau die Kräfte, die dich von nun an leiten sollen – nicht die Angst. Deine Seele ist aus der Urkraft der Liebe geboren. Die Angst ist ein Geschenk deines Egos, deiner Erfahrungen im Leben.

Für heute lege den Brief beiseite. Das Feuer – dein Seelenfeuer – will geschürt werden. Ich werde dich in den nächsten Tagen weiterhin bei deiner Transformation begleiten. In meinen Worten schwingt das Kraftfeld all derer, die mit uns sind.

Und dies ist deine Aufgabe für den ersten Tag …

Tag 1 – **Das Glück zählen**

Wo ist Glück in deinem Leben? Ich bin mir sicher, dass es eine Fülle von Schönem und Wahrem gibt, die dich begleitet, umgibt und ausmacht. Kannst du es sehen und wertschätzen?

Schreibe den Reichtum deines Lebens auf. Das, was dir wichtig ist, was dir am Herzen liegt: all die kleinen schönen Dinge, die täglichen Rituale, die für dich Glück bedeuten. Schärfe deinen Blick für das Gute in deinem Leben. Dir fehlt es im Grunde an nichts, oder? Vielleicht hast du sogar mehr als du brauchst. Wenn du das erkannt hast, sprich das kraftvollste Gebet im Kosmos:

Danke.

Erkenne als Nächstes, was du nicht mehr brauchst, was dich belastet und was du verabschieden möchtest. Schreibe es auf, und entzünde dann ein Feuer. Ein reines Feuer. Das Bewusstsein des Feuers ist kraftvoll. Verbinde dich mit seinem Spirit, und bitte um Transformation all der Dinge, die du ihm nun übergibst. Ist es dir nicht möglich, ein Feuer mit natürlichem Holz zu entfachen, kannst du eine Kerze entzünden und in einer Räucherschale Altes vergehen lassen. Bedanke dich anschließend bei dem Bewusstsein des Feuers. Dies ist ein heiliges schamanisches Ritual.

Sei gewiss, dass die Kräfte für dich arbeiten.

Nida

Ja, die Angst, mein Urthema … Sie hat mein Leben so häufig dominiert. Vieles habe ich aus Angst entschieden. Manchmal war es richtig. Doch meistens betrübte mich schon während meines Entschlusses die Erkenntnis, dass ich, wäre ich frei, wirklich frei, anders entschieden hätte. Ich habe die Angst so oft in jeder meiner Zellen gespürt, so oft gedacht, sie würde mich auslöschen. Doch ich bin immer noch da.

Irgendwann wählte ich die Flucht nach vorn. Handeln, immer in Bewegung bleiben, so spürte ich sie nicht. Ich dachte, sie sei weg und ich hätte sie verdrängt, überwunden. Doch Angst ist nie wirklich weg. Sie kann nicht für immer gelöscht werden. Schon gar nicht, wenn man entscheidet, sich selbst nicht spüren zu wollen, nur um die Angst nicht zu spüren. Guai Yaga hat ganz recht: Die Flucht vor dem Gefühl macht es umso stärker. Wir können der Angst die Hand reichen, sie annehmen und mit ihr leben. Dann rollt sie sich wie ein Tier im Winterschlaf zusammen und rührt sich nur träge dann und wann, wird in den wirklich existenziellen Momenten wach, wenn sie warnen will. Es ist auszehrend, wenn die Angst einen allzu großen Raum im Leben einnimmt. Wir wollen sie nicht, wollen diesem zerstörend anmutenden Gefühl nicht begegnen, wollen keine Situationen schaffen, in denen die Angst uns ihr blankes Gesicht zeigt. Doch es gibt tatsächlich nur einen Weg, sich mit ihr auszusöhnen – durch die Liebe. Wenn ich mich für etwas entscheide, etwas wirklich tun möchte, aus Liebe, dann bin ich in der Lage, die Angst, die mit meiner mutigen Entscheidung einhergeht, zu akzeptieren, sie zu spüren und anzunehmen. Denn was wir aus Liebe zu uns oder anderen tun und entscheiden, ist immer stärker als die Angst.

Zweite schamanische Einstimmung

Hören will ich, lauschen,
dem TON DES EWIGEN,
was war und sein wird.
Die BOTSCHAFT vernehmen, in Worte fassen,
schreiben, ehrfürchtig DANKBAR sein,
dass ich es tun darf –
dienlich der großen Kraft,
die das FEUER IN MEINEM HERZEN ist.

Das Fundament der Seele

Denkst du manchmal, dass es dir nicht besser ergehen darf als anderen – und wenn, dann nur ein wenig? Wenn du mutig deinen Weg gehst, glaubst du, andere damit zurückzulassen? Es ist seltsam, doch die meisten Frauen haben viel mehr Angst davor, ihre wahre Größe zu leben, als das Licht ihrer Seele schmerzhaft zu unterdrücken. Sei dir gewiss:

Es ist dein persönliches Geburtsrecht, dein Leben so zu gestalten, dass du dich darin zu Hause fühlst.

Anderen zu zeigen, dass man ganz bei sich angekommen ist, scheint ein Wagnis zu sein. Menschen streben nach Gleichheit, nach Übereinstimmung mit anderen. Wenn wir wachsen, entwachsen wir manch anderen. Aber sollte uns das an unserer Weiterentwicklung hindern?, Warum sollten wir unsere Seelenkraft zurückhalten, wenn es anderen nicht so gut ergeht wie uns selbst? Nur damit wieder Gleichheit und Übereinstimmung herrscht? Ergeht es denn den anderen in unserer Nähe dadurch wirklich besser? Dann würden wir ja voraussetzen, dass jene unsere Kraft nicht ertragen können.

Wenn wir uns selbst heilen,
heilen wir auch alles andere um
uns herum.

Ein Mensch, der sein Licht und nicht sein Ego zum Strahlen bringt, stellt nicht andere in den Schatten, sondern nimmt sie mit und unterstützt sie auf ihrem Weg zum wahrhaftigen Leben. Liebe und Glück sind ansteckend. Wenn du heute dein Seelenglück verantwortungsvoll in die Hand nimmst, bereicherst du damit die Menschen in deiner Nähe. Du baust ein Energiefeld auf, in dem jeder gerne verweilt und sich selbst davon inspiriert fühlt.

Ich weiß, dass du in deinem Leben gewissen Zwängen unterliegst. Dass du Dinge tun musst, die du nicht tun willst, die keinen Sinn für dich ergeben, die nichts mit deiner Seele zu tun haben. Und ich weiß, dass im Leben Dinge geschehen, die uns viel abverlangen, uns an die Grenze dessen bringen, was wir auszuhalten vermögen – und manchmal darüber hinaus.

Doch du hast im Rahmen all dessen die Möglichkeit und auch die Pflicht, nach Räumen zu suchen, in denen du trotz allem das Beste für dich entwickeln kannst – entwickeln musst –, um nicht unterzugehen. Du hast die Freiheit, deine eigene innere Haltung gegenüber einer Situation zu entwickeln. Wenn die Tage kurz und die Nächte lang und dunkel sind, hast du immer die Möglichkeit der inneren Einkehr. Wenn deine tägliche Arbeit deinen Geist überschattet, hast du die Freiheit, dich zu entscheiden: Etwas zu verändern … dich zu verändern? Eine andere Haltung zu deinem Tun einzunehmen. Die Dinge zu sehen, die dir noch Freude bereiten und diesen mehr Raum zu geben. Den Sinn deines Tuns zu erkennen. Oder zu gehen.

Und wenn nichts davon möglich ist, hilft nur das Annehmen des gegenwärtigen Seins – für eine gewisse Zeit, bis du eine Lösung findest.

Die Welt ist zyklisch, wir Frauen sind es auch. In Phasen emotionaler und körperlicher Krisen brauchen wir unsere Oasen des Glücks, unsere Kraftorte, um unsere Aura, unseren Körper, unser gesamtes Dasein wieder zu stärken. All ihr weisen Frauen, Mütter, Partnerinnen, Künstlerinnen, Arbeiterinnen, Heilerinnen, Kriegerinnen für das Gute, Botschafterinnen, alle das Leben und die Jahre wechselnden Frauen:

Nur wenn ihr gut für euch sorgt, für eure Energie,
für die in euch wohnende Kraft,
könnt ihr auch gut für andere sorgen.
Und nur wenn ihr euch um eure eigene Heilung kümmert,
können die Menschen, die bei euch sind,
in eurer Nähe heil werden und bleiben.

Nun möchte ich dir das Fundament der Seele nicht länger vorenthalten. Um die gesamte Kraft deines spirituellen Bewusstseins und deiner Seele zu entwickeln, brauchst du ein stabiles Fundament, auf dem all der Facettenreichtum deines Seins beständig und unverrückbar ruht. Auf diesem mächtigen quadratischen Fundament ruht der Tempel deiner Seele.

Dein Licht, die strahlende Kraft deines gesamten Seins, ruht auf und in diesem energetischen Tempel mit seinen vier kraftvollen Ecksteinen – die dein Seelenfundament bilden.

Die vier Himmelsrichtungen, die vier Jahreszeiten, die vier Elemente – Kräfte der Schöpfung, die unsere Welt tragen. Und auch unser ganzes Sein basiert auf vier Grundfesten, die unsere Seele stabil in diesem Leben, auf dieser Erde halten. Sie sorgen dafür, dass unsere Seele auf ihrem Entwicklungsweg zur vollständigen Entfaltung der Kraft und des spirituellen Bewusstseins im Gleichgewicht bleibt. Sie zeigen dir, wo du bereits stehst und inwieweit du dein Leben wahrhaftig und im Einklang mit dir selbst führst.

Das Fundament der Seele führt dich zu einem unabdingbaren Zwiegespräch mit dir selbst, mit der alten, weisen inneren Stimme in deinem Herzen und in deinem Geist. Das Fundament der Seelenkraft wahrhaftig zur tragenden Grundfeste deines Lebens werden zu lassen, es zu gestalten und vor allem zu wahren, ist eine große Aufgabe.

Diese vier Aspekte stellen das Fundament unserer Seele dar:

1. Körper
2. Beziehungen
3. Ausdruck
4. Verbindung, Natur, Spiritualität

Sie bilden das Fundament, auf dem sich unser Menschsein gründet. Wir haben einen »erdgemachten« Körper, der Natur ist und Natur braucht, um gesund zu bleiben oder heil zu werden, um sich zu nähren und zu spüren.

Aber wir sind auch kosmische, energetische Wesen, ausgestattet mit einer Seele, einem Energiekörper, unserer Aura. Das Zusammenspiel von Körper und Seele erweckt in uns die Sehnsucht nach Verbindung mit der

Schöpfung, nach der Frage, woher wir kommen, und wohin wir gehen. Und damit haben wir bereits den vierten Eckstein des Seelenfundaments mit einbezogen.

Hinzu kommt, dass wir soziale Wesen sind. Wir wollen Beziehungen leben, wollen Nähe, Schutz und Zuwendung erfahren. Wir wollen wissen, in welche Herde wir gehören. Beziehungen sind der Spiegel für unser Selbst, für unser Tun, für unsere Weiterentwicklung. Wir können keinen spirituellen Herzensweg gehen und dabei Beziehungen außer Acht lassen.

Und nicht zuletzt tragen wir in uns den Wunsch unserer Seele nach Sinnhaftigkeit, nach Ausdruck in der Welt. Wie auch immer wir unsere Schöpferkraft zeigen werden – die Möglichkeiten dafür sind schier endlos und absolut ureigen an die Personen gebunden. Wenn wir uns ganz fühlen wollen und heil werden möchten, wenn wir unser spirituelles Bewusstsein und unseren *Seelenweg* auf ein Fundament setzen, auf dem sich unsere Kraft entfalten kann, kommen wir an diesen vier Grundfesten nicht vorbei. Sie sind ineinanderfließend, sich überschneidend, kaum voneinander zu trennen, sondern eng verwoben und verbunden. Wo wir uns einem Punkt widmen, berühren wir sofort auch einen weiteren oder auch alle vier.

Wenn wir Beziehungen leben, spüren wir sinnlich oder auch angstvoll unseren Körper. Durch den Dienst an anderen, die Hilfe und das Mitgefühl für Menschen, können wir unseren Ausdruck in der Welt in höchst sinnhafter Weise finden. Und Beziehungen können ebenso zu tief greifenden spirituellen Erfahrungen werden, die uns mit dem Großen Ganzen verbinden.

Wenn wir uns der Natur, der Schöpfung öffnen, erleben wir unseren Körper und unsere Aura. Vielleicht finden wir darin auch unseren Ausdruck in der Welt, durch spirituelles Wirken, Lehren oder Heilen. Wenn wir uns unserer Lebensaufgabe widmen, werden die Grenzen fließend und schließen sich zu einem Kreis – wir benötigen Kraft und Vitalität, brauchen einen Ort zum Energieaufladen und finden diesen in der Natur. Sie hilft uns dabei, uns spirituell zu öffnen und wird zu einer Quelle der Inspiration, die aufs Neue unserer Lebensaufgabe dienlich ist.

So könnte man Verknüpfungen endlos betrachten. Es ist ein Kreislauf. Man wird bei einem der vier Ecksteine immer wieder einen anderen berühren. Dein Fundament der Seele wird sich wandeln. Es ist nie fertig. Es ist fließend und bedarf jederzeit deiner Aufmerksamkeit, deiner beständigen Arbeit, damit es seine Stabilität bewahrt, die dich im Leben trägt.

Sollte es irgendwann einmal dazu kommen, dass dir eine deiner Säulen vollständig wegbricht, wird das starke Auswirkungen auf alle anderen Ecksteine haben – und mögen sie auch noch so schön, wahrhaftig und tragend sein. Krankheit, Tod, Verlust der Arbeit, das ungewollte Ende einer Lebenspartnerschaft, einer Liebe, kann zu einer Belastungsprobe für alle anderen Säulen werden. Dann hast du keine andere Wahl, als dich dieser Herausforderung zu stellen und deine gesamte Aufmerksamkeit dem herrschenden Ungleichgewicht zu widmen. Sonst werden auch die anderen noch guten, starken Bereiche deines Lebens geschwächt und drohen dir abhanden zu kommen, was eine schmerzhafte Abwärtsspirale in Gang setzen kann.

Ebenso kann jedoch ein weggebrochener Eckstein des Fundaments zu einer kraftvollen Veränderung deines Selbst führen, was sich auf alle anderen Lebensbereiche stärkend auswirkt. Deine aufrichtige Selbsteinschätzung darüber, wie wahrhaftig die vier Ecksteine als Grundlage in deinem Leben präsent sind, zeigt dir, inwieweit du das Glück und die Kraft deiner Seele bereits entfaltet hast.

Wir alle haben unsere eigene besondere Reise auf diesem Planeten, unsere Aufgaben und Wege, die wir zu gehen haben und gehen wollen. Wenn du also wissen willst, wer du wirklich bist, dann schaue dir die vier Grundfesten des Seins in deinem Leben an – schonungslos und aufrichtig dir selbst gegenüber. Kannst du die Wahrheit ertragen? Kannst du sie vor dir selbst zugeben? Würdest du mir jetzt antworten:

»Ja, ich bin gesund, ich nähre meinen Körper gut und bewege mich viel«, »Ja, ich habe einen Menschen an meiner Seite, eine Familie«, »Ja, ich habe Arbeit«, »Ja, es geht mir gut, wenn ich draußen bin und mir der Wind die Sorgen aus dem Kopf treibt«?

Doch wie wahrhaftig sind diese Antworten? Kommen sie von Herzen? Tragen dich diese vier Ecksteine glücklich durchs Leben? Oder wenigstens zwei davon? Ist dein Fundament stark oder eher zart, zerbrechlich, ohne dein volles Vertrauen in diese Aspekte? Kannst du mir antworten:

»Ich liebe mich. Ich nehme mich mit all den Anteilen meines Seins an – die wunderbaren Seiten an mir und auch jene, die Schatten auf mein Licht und auf das anderer werfen. Denn ich weiß, es sind genau diese Schatten, an denen ich wachsen kann«, »Meine Partnerschaft ist von Liebe und Vertrauen geprägt. Ich kann meine Gaben entfalten und erhalte die Nähe und Unterstützung, die ich brauche. Ich kann meine schwachen Seiten, meine Ängste zeigen. Ich habe Freunde, Familie, ich trage Mitgefühl und Liebe für andere Menschen in mir«, »Ich weiß um meine Gaben und Talente und lebe sie in meiner täglichen Arbeit oder der Muße meines Daseins. Gerade so, wie ich es brauche, um mich heil, glücklich und vollständig zu fühlen«, »Ich bin mit meinem wahren Selbst und der Schöpfung, aus der meine Seele geboren wurde, verbunden. Meine Spiritualität ist wahrhaftig«?

Einen mongolischen Pferdeesel, den Kulan, der mit allen vier Hufen auf dem Boden steht, kann man nicht umwerfen. Doch ein Esel steht selten mit allen vier Füßen fest auf dem Boden. Gerne verteilt er seine Last auf nur drei Beine, und das vierte darf sich ausruhen. Welches Bein ruht, verändert sich ständig. Mal das eine, dann wieder das andere – doch der Esel steht auch so immer stabil. Manchmal stehen Pferdeesel auch nur auf zwei Beinen. In sehr unvernünftigen Momenten. Im Übermut, im Kampf oder wenn sie Schmerzen haben. Sie können erstaunlich gut auf zwei Beinen stehen, aber man kann sie dann auch sehr leicht zu Fall bringen. Sie wissen das und fühlen sich in solchen Momenten nicht lange behaglich. Und manchmal – für kurze Momente in einer wilden Bewegung – berühren

Pferdeesel sogar nur mit einem Bein den Boden, und der Sturz ist nah, sofern sie nicht schnell wieder mit einem oder zwei Hufen den rettenden Ausgleich bewirken.

Ähnlich verhält es sich mit dem Fundament der Seele. Wir kreisen unaufhörlich um diese vier zentralen Ecksteine des Lebens mit der Frage nach Vorhandensein, Zufriedenheit, Wahrhaftigkeit und daraus folgend Seelenglück. Und genau wie bei einem Pferdeesel werden die vier Grundfesten der Seele in deinen verschiedenen Lebensphasen variieren und unterschiedlich schwer gewichtet sein. Das Leben ist kein kleiner Tümpel, der irgendwann verlandet, dessen Wasser brackig wird. Das Leben ist wie der Fluss, an dem ich mein Wasser hole. Auch wir fließen in ständiger Bewegung und Veränderung. Unser Körper verändert sich, unsere Ziele, Wünsche, Bedürfnisse, die Welt um uns herum, die Menschen in unserer Nähe. Und so sind wir – ähnlich wie der Pferdeesel – gezwungen, in der unterschiedlichen Belastung unserer Füße, den vier Ecken des Seelenfundaments, zu variieren.

Sicher, man kann eine Weile auf einem Bein stehen und sich dabei sehr glücklich und vollkommen fühlen. Einzelne Lebensphasen, in denen nur ein Eckpunkt das Leben bestimmt, sind nicht selten. Wenn eine Liebe neu beginnt, wenn das Verlangen nach Nähe zu diesem einen Menschen das Handeln, Denken und

Sehnen bestimmt, wird der Rest der Welt ausgeblendet. Es gibt nur das Wir und das damit verbundene Gefühl der Vollkommenheit des Lebens. Niemals soll dieser Zustand des Glückes enden. Aber er wird enden, und in unserem Innersten wird das Bedürfnis wachsen, aus den warmen Decken herauszukriechen, um sich anderen Aufgaben zu widmen. Sich anders – wieder einzeln, unabhängig – wahrnehmen zu wollen. Und das ist gut so.

Die Gründung einer Familie lässt das ganze Gewicht des Seelenfundaments auf dem Eckstein der Beziehungen ruhen. Es ist ein vorherrschendes und alles andere bestimmendes Bedürfnis. Nichts anderes kann und will man in dieser Zeit. Die Seele schwingt vor Glück über die Kinder, die Geborgenheit in der Familie. Doch irgendwann entwachsen die Kinder langsam der alltäglichen familiären Gemeinschaft, und der Beziehungspartner vielleicht auch. Die Hochphase der Familienzeit neigt sich dem Ende zu, die Mutterrolle wird eng und einseitig, und das lange hintangestellte Bedürfnis nach einem anderen schöpferischen Ausdruck in der Welt wächst. Das berechtigte Anliegen, die Energien des Körpers wieder für sich selbst zu nutzen, anstatt sie unaufhörlich in die Familie fließen zu lassen, wird überdeutlich. Man möchte sich wieder anders spüren und ausdrücken.

Auf einem Bein stehen mitunter auch viele ehrgeizige oder kluge schöpferische Menschen, die ihr Seelenfundament gänzlich auf den Eckstein des eigenen Ausdrucks in der Welt wuchten. Sie widmen ihr ganzes Dasein der einen sehnsüchtigen Aufgabe, ihren Büchern, ihren Bildern, ihren Erfindungen, ihren Forschungen, vielleicht auch nur im traurigsten Sinne – dem Geldverdienen. Sie versinken in ihrer Berufung und sind nicht imstande, etwas anderem in ihrem Leben Raum zu geben. Die Zeit, die sie mit ihren Aufgaben verbringen, empfinden sie als Glück, als vollkommen. Bis sie irgendwann innehalten oder die Seele sie dazu zwingt, die Bedeutung ihres Tuns zu hinterfragen. Und sie erkennen, dass jenseits ihres Schaffens nichts als Leere herrscht. Nichts, was sie sonst noch trägt. Verlieren sie dann noch diese eine tragende Säule, fallen sie ins Nichts. Auf Dauer ist das kein Weg, der zum Glück der Seele führt – diese will viel mehr!

Lass uns innehalten.

Ich weiß nicht, wo du stehst. Was ein erster Blick auf das Fundament deiner Seele für eine Wirkung auf dich hatte. Aber solltest du nur auf einem Bein unterwegs sein, verändere etwas – damit du nicht so leicht ins Straucheln gerätst.

Die Entscheidung, die vier großen tragenden Lebensthemen zu entwickeln, erfordert Mut, Zeit und Kraft. Doch es lohnt sich. Es wird dich zu einem wahrhaftigen Leben führen, in dem sich deine Seele entfalten und ausdrücken kann, in dem du dich geborgen und aufgehoben fühlst und im weisen Einklang mit dem Großen Ganzen, den uns umgebenden kosmischen Energien, stehst.

Vielleicht wird es bei dir wie bei einem Pferdeesel sein, drei stabile Beine und eines im ständigen Wechsel – verändernd, variierend. Wenn du an diesem Punkt angekommen bist, lebst du bereits jeden Moment deines Lebens in dem tiefen Wissen, dass du dich selbst gefunden hast. Dass du am richtigen Ort mit den richtigen Menschen lebst und in dem, was du tust, deine wahre Aufgabe gefunden hast. Du verlierst keine Energie und Kraft mehr, sondern erlebst die Gegenwart des Glücks.

Bevor ich den Ruf zur Schamanin vernahm, stand ich auf einem erbärmlich wackeligen Bein. Ich war fünfundzwanzig Jahre alt und wusste nichts vom Leben, und das Leben wusste nichts von mir – so dachte ich. Heute habe ich ein starkes Fundament, drei Füße, manchmal vier. Ich brauchte siebzehn Jahre für mein Fundament. Nun bin ich alt und weiß, dass dieses Fundament die Essenz des Lebens ist, die es gilt, zu wahren und zu pflegen. Ich kann dir sagen, wer es wagt, sein Licht hervorzuholen, darf die Schatten nicht fürchten.

Mein Weg war geprägt von schmerzhafter Arbeit, von starker Angst, von Zweifeln. Doch ebenso stark war mein Wille, mein Durchhaltevermögen und der Glaube an mich, an meine Gaben und vor allem an die Kraft der großen Quelle, die jedem zur Seite steht, der sein ganzes Sein entfalten möchte. Schon als ich den ersten Schritt wagte, bestätigten Zufriedenheit, Liebe und Glücksmomente mich darin, dass ich auf dem Weg meiner Bestimmung wanderte. Das unerschütterliche Wissen meiner Seele war es, das mir den Glauben daran gab, dass ich es schaffen würde, mein Leben zu leben und die Schatten der Vergangenheit zu heilen.

Die Ahninnen und Ahnen, die Brüder und Schwestern des Lichts helfen denen, die sich von Herzen auf den Weg machen. Ich weiß, auf einer schwierigen Reise kann man auf ihre Begleitung vertrauen.

Bewegt dich im Kopf und im Herzen vielleicht gerade eine erste Ahnung, dass manches in deinem Leben nicht so ausgewogen ist, wie es sein könnte? Hallt in dir bereits der Ruf nach Veränderung wider? Dann geh mit dieser Kraft, die sich in dir meldet. Nimm dein Glück in die Hand. Das kann kein anderer für dich tun.

Wer sich einmal auf den Weg macht,
geht, schaut zurück, vielleicht manchmal mit Sehnsucht,
aber kehrt nie mehr um.
Es gibt nur einen Weg – den eigenen.
Er kann beschwerlich sein, Angst bereiten,
doch offenbart er sich,
ist er klar, hell und kraftvoll
wie eine lang vergessen geglaubte Erinnerung an sich selbst –
an die Aufgabe der Seele.

Und dies ist deine Aufgabe für den zweiten Tag …

Tag 2 – **Dein Seelenfundament**

Wage einen ehrlichen Blick auf die vier Grundfesten in deinem Leben. Und schone dich nicht dabei.

» *Wie ist dein Verhältnis zu deinem Körper? Ist dir bewusst, dass du einen Energiekörper hast, der dir ebenso Schwäche und Kraft signalisiert?*

» *Wie ist die Qualität und Intensität all deiner gelebten Beziehungen, deiner Liebe, deines Mitgefühls? Welche Menschen sind dir nah, mit denen du eine aufrichtige Beziehung führst? Bilden sie ein Netz, das dich auffängt, wenn du fällst?*

» *Lebst du den Ausdruck deiner Seele, deiner geistigen und seelischen Kraft? Wodurch tust du das?*

» *Wie ist deine Verbindung zur Natur, zu den Elementen? Was ist mit deiner Spiritualität? Wie gibst du ihr Raum, wann empfindest du sie?*

Beschäftige dich an diesem zweiten Tag mit einer Betrachtung all dessen, und schreibe deine Erkenntnisse auf.

Für heute endet mein Brief an dieser Stelle.

Nida

Teile des Fundaments der Seele offenbarte mir Guai Yaga bereits an meinem siebten Tag bei ihr. Damals verstand ich das, was ich zu dem Zeitpunkt in der Lage war zu verstehen: Meinen Körper zu achten und zu nähren und dass gute Beziehungen für mein Leben tragend sind, allen voran die Beziehung zu mir selbst. Auch verstand ich, dass die Seele sich ausdrücken will, dass ich meine Aufgaben habe, die es zu erfüllen gilt, und dass die Quelle meiner Seele der Verbindung zum Großen Ganzen, zur Erde, entspringt. Aber wenn ich ehrlich bin, habe ich noch viel mehr zu lernen. Und das nicht, indem ich mein Wissen vermehre, sondern indem ich zurückkehre in meine eigene Ursprünglichkeit.

Ich habe verstanden, dass es nicht darum geht, sich im Laufe des lebens zu finden, sondern bei sich zu bleiben. Sich zu entwickeln, zu wachsen und sich gleichzeitig seiner selbst treu zu bleiben – unverborgen.

Dritte schamanische Einstimmung

HIER BIN ICH, stehe bereit,
die Füße in die kalte Erde gegraben,
verwurzelt mit MUTTER ERDE und
ihrem roten Herzen,
auf dass ihre Kraft mich dort binde,
wo ich hingehöre, jetzt, in diesem Leben,
genährt mit VERTRAUEN.
Und über mir der dunkle, unendliche Bauch,
in dem wir schweben, der uns gebar,
zusammen mit den zahllosen Lichtern,
irgendwo dort ist die Quelle meiner SEELE.
Ich schaue in die Weiten des Kosmos, und würde die Erde
mich jetzt nicht halten, so fiele ich in den Himmel.

Der erste Eckstein deines Seelenfundaments

Dein Verhältnis zu deinem Körper

Der erste Eckstein deines Seelentempels, von dem ich dir nun berichte, ist dein Verhältnis zu deinem Körper – deinem leiblichen Körper und deinem feinstofflichen Energiekörper.

Es geht nicht um den Zwang des Schön-Seins. Es geht vielmehr um die liebevollste, wertschätzendste und dankbarste Sicht, die du auf deinen leiblichen und energetischen Körper haben kannst. Verbunden mit dem Wissen, dass dein Körper zum einen das Haus deines gesamten Seins ist und zum anderen das denkbar wunderbarste »Werkzeug«, mit dem sich deine Seele ausdrücken kann.

Deine Bewusstheit gestaltet deinen Körper.

Die Seele benutzt den Körper, um in dieser physischen Welt die Dinge tun zu können, die sie tun will oder tun muss. Manche behaupten von sich, sie könnten nicht schöpferisch arbeiten, da sie zwei linke Hände hätten. Ich behaupte, ihnen fehlt nur die Leidenschaft dafür. Gesunde Hände können alles ausführen, was der Geist will. Es gehört zu den sinnlichsten Ausdrucksmöglichkeiten der Seele, mit den Händen etwas zu schaffen. Es gibt bewundernswerte Menschen, die ohne Arme und Hände mit dem Pinsel im Mund oder zwischen den Zehen fantastische Bilder malen können – weil sie malen *wollen*. Es spielt keine Rolle, ob Beine und Arme lang, kurz, dick oder dünn sind. Ob die Augen schwach sind oder der Rücken krumm. Wenn die Seele etwas tun will, was zu ihrem Lebensplan gehört, wird der Körper einen Weg finden, ihr das zu ermöglichen.

Dennoch gerät das gesamte Fundament ins Wanken, wenn der Körper Schmerzen erleidet oder krank ist. Die Energie des Körpers zu stärken, ihn zu heilen, ist immer der erste Schritt. Wer krank ist, weiß, dass Gesundheit und Unversehrtheit das höchste Gut sind, das man je hatte und für das man alles geben würde, um es wiederzuerlangen.

Eine Frau sagte einmal zu mir: »Glück ist für mich ein Tag ohne Schmerzen.« Das lässt uns demütig ob der eigenen Gesundheit werden. Seien wir unserem Körper, unseren Zellen, dankbar für jeden Tag, an dem wir gesund sind und unseren Seelenaufgaben nachgehen können.

Wir leben in einem Körper, der geachtet und geliebt werden will, genährt, gepflegt und an frischer Luft in der Natur bewegt werden will. Er ist der Spiegel deiner Seele. Diese meldet sich durch ihn zu Wort, authentisch und unmissverständlich. Dein Körperwissen verrät dir die tieferen Wahrheiten über dich selbst, über andere Menschen und über die Welt, in der du dich bewegst, mit all ihren Facetten und Dimensionen. Dein Körper zeigt dir blitzschnell und verlässlich Neigungen oder Abneigungen im Kontakt mit anderen Menschen. Er verrät dir die Energien eines Ortes, einer Situation oder eines Ereignisses – sofern du seine feinen Signale zu deuten weißt und ernst nimmst. Was auch immer um dich herum geschieht, dein Körper sendet dir unmittelbar und ohne Unterlass seine Meinung dazu.

Bewegst du dich vielleicht haltlos auf einen völligen Erschöpfungszustand hin oder steckst du schon mittendrin, wusste deine Körperweisheit das schon lange vor deinem Verstand. Dein Körper warnte dich und sendete dir Impulse, dass du innehalten musst. Zeigte dir, dass du unentwegt über deine Grenzen der Belastbarkeit hinausgegangen bist. Doch du hast die feinen Signale schlichtweg überhört oder ignoriert. Bis dein Körper das nicht mehr erdulden konnte und sein Heil in einem vollständigen Erschöpfungszustand, in Krankheiten, Unfällen, diffusen Schmerzen oder psychischen Erkrankungen suchte.

Körperempfinden, Gefühle, alte verletzte Anteile, die sich irgendwo manifestiert haben – ein Wahrnehmen und Erkennen all dessen ist nur über den Körper möglich. Unser Geist kann nicht spüren. Sei es, dass du dich krank, müde, satt, befriedigt, stark oder schwach fühlst, ob du Ängste verspürst oder verliebt bist, die Sprache unseres Körpers ist immer echt, unverfälscht, ehrlich. Du empfindest Glück und Freude im Kopf, im Herzen und gleich einem Rausch in allen Zellen.

Doch dein Intellekt will werten, analysieren, ein- oder ausreden, vergleichen, verstehen, vorgaukeln. Er legt sich die Dinge ganz nach Bedarf zurecht: »Ich führe eine glückliche Ehe«, »Mir geht es gut«, »Ich habe alles, also müsste ich ja glücklich sein«, »Ich gehe gerne zur Arbeit. Etwas anderes kann ich nicht«, »Ich bin gesund«, »Ich bin krank«, »Ich kann drei Sachen gleichzeitig machen, ich bin ja eine Frau«, »Sex und Nähe sind mir nicht wichtig.«

Wir alle haben unsere inneren »Lügen-Wahrheiten«, an denen wir festhalten, die aber oft im Gegensatz zu unserem Körperempfinden stehen.

Krankheit und Glück

Unser Körper als Tempel der Seele hat im Laufe des Lebens die Last all unserer seelischen Verletzungen auf sich genommen. Es zeichnen sich kleine Risse im Mauerwerk ab, fragile Stellen, um die man sich wiederkehrend kümmern muss – wir sind hier und dort eben nicht mehr ganz heil. Unsere Unbeweglichkeit, Schmerzen oder Blockaden sind wie Signaturen, die unsere verletzten Anteile an unserem Körper hinterlassen haben. Das Wissen darum verschafft uns den liebevollsten Blick, den wir auf unseren Körper richten können. Verdränge nicht, spüre hinein, was deine wunden Stellen dir erzählen wollen, und schenke ihnen heilende Berührungen und fürsorgliche Aufmerksamkeit. Nicht nur seelische Verletzungen haben Spuren an deinem Körper hinterlassen. Auch Wunden, Operationen, Verletzungen und Unfälle stellen Traumata dar, denen man sich liebevoll widmen sollte. Der Körper wollte etwas damit sagen …

Die Heilung, die weitestgehende Gesunderhaltung des Körpers ist der vornehmlich wichtigste Eckpunkt des Fundaments der Seele. Er beherrscht und überlagert scheinbar zunächst alle anderen. Doch auch Beziehungen können heilend sein, der endlich gelebte Ausdruck der Seele kann eine Krankheit, einen tiefen Schmerz besiegen. Das große Ganze, die Verbindung zur göttlichen Quelle und zur Natur kann den Körper und die Seele heilen. Und so bedingen wieder alle einander. Ja, Gesundheit ist das höchste Gut, Gesundheit ist Glück. Mit einem verdorbenem Magen und Fieber wird man keinerlei Glück empfinden können. Doch man weiß auch, dass es vorübergehend ist.

Viel schwieriger gestaltet sich der Weg, wenn man unter chronischen Schmerzen leidet. Dennoch gibt es die Menschen, die an schweren Krankheiten leiden und trotz allem Liebe, Zufriedenheit, Zuversicht und Freude ausstrahlen. Wie kann man über das Glück nachdenken, wenn man weiß, dass man unheilbar krank ist? Wie gestaltet man ein Leben, in dem man vollends zu Hause ist, wenn die eigene Seele über Jahre schwer verletzt wurde? Und wie schnell kann einem alles abhanden kommen, wenn ein geliebter Mensch stirbt?

Die Bedeutung der Endlichkeit im Leben
führt uns zurück zum Jetzt.

Ich habe auf diese Fragen keine Antwort außer dieser: In den Zeiten, in denen wir fallen, kann ein starkes Netz aus lieben Menschen, eine Aufgabe, der man sich mit Hingabe widmet und tiefes Vertrauen in die ewige intelligente, uns umgebende göttliche Kraft Rettung und Trost sein – um kleine Momente des Glücks wieder möglich werden zu lassen.

Deinen Blick auf dein Verhältnis zu deinem Körper zu richten, bedeutet nicht, nur auf all die schmerzhaften Signaturen zu schauen, sondern ebenso auf seine Schönheit, seine Empfindsamkeit, seine Stärke, seine Fähigkeiten und dafür dankbar zu sein.

Dein Körper bewegt dich – in jeder Hinsicht.

Mit den Zellen reden

Die Zellen deines Körpers haben eine eigene Weisheit. In ihnen sind all deine seelischen und körperlichen Verletzungen gespeichert. Deine unterdrückten Gefühle, dein Zorn und deine Ängste sind in deinen Zellen verankert.

Wenn du ehrlich zu dir selbst bist, weißt du ziemlich genau, an welchen Körperstellen dich die alten Wunden plagen. Der verspannte Nacken, die Ohrgeräusche, der nervöse Magen, dein verklemmter Brustkorb … Hast du schon einmal Zwiesprache mit deinen Zellen, deinen Organen oder deinen leidenden Körperstellen gehalten? Manch eine schmerzhafte Stelle des Körpers wartet nur darauf, endlich wahrgenommen und gehört zu werden. Eine Blockade, ein dauerhaft schmerzender Bereich offenbart sich verbunden mit einem tiefen Gefühl und einer Botschaft.

Sei achtsam, und horche in dich hinein. Lausche dem schmerzenden Bereich oder deinem leidenden Organ. Lächele diesem Teil deines Körpers zu, und sende ihm Liebe und Dankbarkeit für die Last, die er auf sich genommen hat. Frage deine Zellen, was sie brauchen, damit es ihnen gut oder besser geht. Sage ihnen, dass sie die Last nun gehen lassen dürfen, weil du dich von nun an um das in deinem Leben kümmern wirst, was die Last hervorrief.

Du kannst den Tag mit einer kurzen Meditation beginnen, in der du all deinen Zellen für ihre Kraft, Gesundheit und

Vitalität dankst. Es ist ein schamanisches Ritual, bei einer Verletzung, ob frisch oder alt, mit der Hand dreimal linksherum im Kreis über die Verletzung zu streichen und dabei folgende Worte zu sprechen: »Danke, ihr lieben Zellen, dass ihr all die Last auf euch genommen habt.« Anschließend streicht man dreimal rechtsherum im Kreis und spricht:

»Ihr dürft die Last jetzt gehen lassen.
Nehmt euch dafür, was ihr braucht.«

Tag 3 – Körpergespräche

Heute stelle ich dir einige Fragen, damit du im Zwiegespräch mit dir selbst herausfindest, von welcher Qualität die Beziehung zu deinem Körper ist.

» *Würdest du mit voller Überzeugung sagen, dass du deinen Körper so, wie er ist, liebst?*

» *Bist du ihm täglich dankbar für seine Gesundheit, Belastbarkeit und Vitalität?*

» *Kannst du es wertschätzen, dass du durch deinen Körper die Möglichkeit hast, deiner Lebensaufgabe nachgehen zu können?*

» *Gönnst du deinem Körper Entspannung und Ruhephasen zur Regeneration?*

» *Kennst du die Grenzen seiner und damit deiner Belastbarkeit?*

» *Gehst du bewusst oder unbewusst und manchmal auch ganz gern oder zwangsläufig über diese Grenzen hinweg?*

» *Hast du ein empfindsames Ohr für die Bedürfnisse und Wahrheiten deines Körpers?*

» *Spürst du, wenn irgendwo Empfindungen von Unwohlsein, Blockaden oder Schmerzen auftreten?*

» *Kennst du die Stellen deines Körpers, mit denen er dir meldet, dass er zur Erholung Ruhe braucht oder dass etwas mit dir nicht im Gleichgewicht ist?*

» *Kennst und akzeptierst du seine Schwachstellen?*

» *Erlebst du mit deinem Körper Sinnlichkeit, Nähe, Berührungen, Wärme, Zärtlichkeit und erfüllten Sex? Und das so viel und in der Qualität, wie du es dir wirklich wünschst?*

» *Achtest du deinen Körper?*

» *Missbrauchst du ihn manchmal?*

» *Wie ernährst du dich?*

» *Wie hältst du es mit Bewegung an der frischen Luft?*

» *Erlaubst du deinem Körper den Ausdruck von Lebendigkeit?*

» *Kannst du dich vor Freude wild bewegen, tanzen, umherspringen?*

» *Hast du bewussten oder unbewussten Stress, den du bereits an deinem Körper wahrnimmst?*

» *Kennst du die sensitiven Stellen deines Körpers, mit denen er dir das von außen auf dich Einwirkende übersetzt?*

» *Hast du ein Bewusstsein für deine Aura?*

» *Bist du mit deinem Energiekörper, deiner Aura, angeschlossen an der großen Quelle des alles nährenden Lebensstroms?*

» *Spürst du manchmal Glück in deinem Körper? Wobei empfindest du dieses Glück? Und gönnst du dir ausreichend davon?*

Bitte denke nicht, du müsstest alle Fragen mit Ja beantworten. Ich möchte dich mit diesen vielen Fragen lediglich für deinen so wunderbaren Körper sensibilisieren. Ich möchte dich zu einem inneren Zwiegespräch mit dir selbst führen. Wenn ich mir selbst diese Fragen stelle, zögere ich jedes Mal an einer anderen Stelle, denn alles befindet sich in ständiger Veränderung. Heute denke ich bewusster über das Überschreiten körperlicher Grenzen nach als in jüngeren Jahren. Und bald vielleicht wird mir deutlich, dass ich mich nach mehr körperlicher Nähe sehne. Nur du selbst weißt, hinter welchen der Fragen sich für dich eine tiefere Wahrheit verbirgt, die es zu betrachten gilt.

Lege den Brief nun beiseite. Ich möchte dir neben all diesen Fragen noch eine zusätzliche Aufgabe geben. Gehe hinaus in den Wald, auf das Feld, die Wiesen, wo auch immer du gerade bist, aber suche dir die Stille der Natur. Nur du allein. Atme bewusst die frische Luft in die Zellen deines Körpers. Atme mit der Luft auch Liebe ein, und lächele während du gehst. Spüre deinen Körper, wie er eins wird mit den Elementen, aus denen er geschaffen ist. Erzähle den Bäumen, der Erde, dem Wind oder dem Wasser von dir, von dem, was dich bewegt, was dein Kummer ist, was deine Wünsche, deine Visionen sind. Vielleicht erhältst du ein Zeichen …

Schönheit

Du hast Zwiesprache mit deinem Körper gehalten. Bist ihm nähergekommen, kannst vielleicht sogar sagen, dass du ihn so liebst, wie er ist. Nun möchte ich mit dir über Schönheit sprechen. Wenn Frauen sich über ihr Verhältnis zum eigenen Körper Gedanken machen, stehen Schönheit und Aussehen – neben der Gesundheit – an vorrangiger Stelle. Nicht selten ist damit die unlösbare Entschlossenheit verbunden, Schönheit und jugendliches Aussehen bis ins hohe Alter bewahren zu wollen. Oder zu müssen? Schön sein … jahrhundertelang wurde dieser Anspruch in unsere Köpfe gebrannt, unmöglich, sich davon lösen zu können. Oder doch?

Was ist Schönheit? Jede Kultur, jede Epoche hat ihre eigene Vorstellung von Schönheit. Und Frauen verbiegen sich diesen Vorstellungen entsprechend. Sie verbiegen sich, anstatt aufrecht zu bleiben, sie selbst zu sein und den Spiegel der anderen nicht zu der eigenen Wahrheit werden zu lassen. Fühlst du dich schön? Und wenn ich dir jetzt sage, dass du schön bist, glaubst du mir das dann? Ich schrieb dir bereits auf den Seiten davor:

Deine Bewusstheit gestaltet deinen Körper.

Wenn deine Bewusstheit deine Schönheit wahrhaftig bejaht, dann bist du auch schön. Attraktivität bedeutet nichts anderes als Anziehungskraft. Es ist deine Energieausstrahlung, die andere anzieht, begeistert, mitreißt und einnimmt.

Du kannst jetzt, in diesem Moment entscheiden, dass du schön bist – und ich bitte dich sehr darum, es zu tun. Denn diese Einstellung verändert sofort deine Energieausstrahlung, sie wird dein Licht zum Strahlen bringen, es wird sich manifestieren und von anderen wahrgenommen werden.

Wenn wir kein Bewusstsein für unser Äußeres hätten, keine gesellschaftlichen Schönheitszwänge, würden wir den Körper als das nehmen, was er ist – ein Vehikel der Seele. Attraktiv, anziehend, wären wir im wahrsten Sinne des Wortes allein durch das, was in uns ist und nach außen strahlt: unsere Energie, unsere Liebe, unsere Leidenschaft und unsere Körpersprache, die ehrliches, persönliches, gegenwärtiges Empfinden widerspiegelt.

Sei eine längere Zeit allein in der Natur unterwegs. Das Letzte, woran du denken wirst, ist deine Schönheit. Du willst essen, trinken, ruhen, dich warm halten und vor allem nicht allein sein. Du existierst einfach, und zwar mit jeder Faser deines menschlichen Seins. Und trotzdem bleibst du die ganze Zeit über schön und attraktiv – und weißt es auch. Denn du bist in deiner gesamten Kraft, die du brauchst, um zu leben – zu überleben. Das Wissen, dass du vollkommen bist, ist ganz selbstverständlich in dir verankert. Bis du in die Gesellschaft zurückkehrst, den ersten Spiegel erblickst und dich mit den gepflegten, wohlriechenden Menschen um dich herum vergleichst.

Wer sagt dir, was schön ist und was nicht? Sicher, in erster Linie willst du dir selbst gefallen. Aber dein Blick ist stark beeinflusst – vom Zeitgeist, von jenem, was du hörst, siehst, gesagt bekommst, vom Partner … Sei ehrlich zu dir selbst, und frage dich, was dir deine innere Stimme zu deiner Schönheit sagt? Bist du dir selbst gegenüber wahrhaftig, oder erscheinst du dir verkleidet? Rackerst du dich wegen einer vermeintlich falschen Form deines Körpers ab?

Die Wahrheit ist: Deine Seele, dein Bewusstsein, dein Innerstes gestaltet dein Äußeres. Die Lüge ist: Das Außen gestaltet dich. Denn du hast die Wahl, dich zu entscheiden.

Wie gefällst du dir selbst am besten?
Wie fühlst du dich am wohlsten in deinem Körper,
deiner Haut, deinem Tempel der Seele?

Nur das ist bestimmend. Das ist authentische Schönheit. Dein inneres Ja, das du ausstrahlst, das die Menschen erreicht, die du anziehen willst, weil sie in Resonanz zu dir schwingen.

Sinnlichkeit, Nähe und körperliche Liebe

Für uns Schamaninnen ist der Körper eine Antenne für die Schwingungen der Welt, der Erde und des Kosmos. Wir gehen in Verbindung mit allem, was uns umgibt. Nicht nur mit dem Geist, auch mit dem Körper – dem leiblichen und dem feinstofflichen Energiekörper – nehmen wir Informationen und Energien auf.

Dein Körper ermöglicht dir das Sein in dieser Welt, in dieser Dimension. Er ist ein Heiligtum, das wahrgenommen, geachtet und gepflegt werden will. Du bist hier auf dieser Erde aus gutem Grund. Du darfst leben und deinen Aufgaben nachgehen. Du darfst lernen, wachsen, sinnlich spüren und genießen. Es ist ein kostbares Geschenk deines Körpers, Berührungen und Nähe erleben zu können. Nähe kann heilen, kann zu einem spirituellen Erlebnis werden, das dir deine Seele – und die des anderen – bewusst macht. Das kann Kraft geben, trösten, erden und in andere Sphären führen, Urvertrauen heilen und entstehen lassen.

Berührungen sind ein Grundbedürfnis. Kein Säugetier kann ohne liebevolle Körperlichkeit, ohne die Nähe und Wärme von anderen, reifen und sich entwickeln. Wir müssen den Menschen in unserer Nähe, den Baum, die Welt an sich spüren, im wahrsten Sinne des Wortes begreifen. Deine Haut, dein Tastsinn gibt dir das Gefühl von Wirklichkeit. Wo fängst du an, wo beginnt der andere? Jeder Mensch kommt mit dem Bedürfnis nach Wärme, nach Berührung, nach körperlichem Schutz und dem Verlangen, das Leben tastend zu erspüren, auf diese Welt. Wir nähren uns körperlich durch Nähe. Wir entwickeln Vertrauen, weil wir wissen: Ein anderer ist da. Dieses Bedürfnis verlässt uns nie – auch nicht, wenn wir erwachsen sind und alt werden.

Eine tiefe Verletzung des Urvertrauens kann sich manifestieren, wenn schon in den ersten Lebensjahren das Verlangen nach körperlicher Nähe, nach Gehalten-Werden unerfüllt blieb. Das kann zeitlebens eine Angst vor Zurückweisung hervorrufen und hat meist das Leugnen des Bedürfnisses nach Nähe zur Folge: »Ich brauche das nicht.« »Ich kann nicht …«

Es ist ein mühevoller Weg, sich von dieser Urerfahrung zu befreien, um endlich die Fähigkeit entwickeln zu können, das Bedürfnis nach Nähe, körperlicher Liebe und Gehalten-Werden zu äußern, die eigenen Grenzen erkennen und behaupten zu lernen und Beziehungen zu führen, die erfüllen. Es gibt immer die Möglichkeit, sich in einer ehrlichen, liebevollen Partnerschaft auf Augenhöhe »nachzunähren« und sich dadurch einen Teil des Urvertrauens zurückzuholen. Es braucht Zeit, und es braucht vor allem wahrhaftige Nähe.

Du hast deine so wunderbaren Sinne, die dich das Leben körperlich erfahren lassen – ein Bad im Meer, Salz, Wind und Sonne auf der nackten Haut spüren. Essen, trinken, einer Musik lauschen oder die Stille erfahren. Tanzen, vor Übermut springen, die Sonne aufgehen sehen, die ersten Strahlen auf der Haut spüren, das Licht durch die geschlossenen Lider wahrnehmen. Den Regen auf dem Kopf spüren, das nasse Haar, das im Gesicht klebt, die kalten Tropfen, die langsam den Nacken herunterrinnen. Das Fell der Tiere, die mit uns leben, streicheln, den warmen, schaukelnden Rücken eines Pferdes, den Geruch der Erde, der Bäume und das nasse Holz im Wald wahrnehmen. Abends die Hitze des Feuers im Gesicht und den stechenden Rauch in den Augen fühlen. Barfuß bis zu den Fußknöcheln im Schlamm der Erde stehen und in die Weite vor Freude hinausschreien, singend, jauchzend, lachend … All das ist Leben, Glück, all das ist Sinnlichkeit. Und dein Körper schenkt es dir.

In eurer Welt seid ihr mit der Energie viel zu sehr im Kopf verhaftet und vergesst darüber hinaus, dass ihr einen Körper habt, der euch mehr erleben lassen kann als Müdigkeit, Hunger, Durst oder das Bedürfnis, die Notdurft zu verrichten. Zu leicht lasst ihr euch von der eigenen Sinnlichkeit abschneiden – von der Lust. So geschehen, müsst ihr euch erst einmal wieder vorsichtig an die eigene Körperlichkeit herantasten, an die empfindsamen Bereiche des Körpers, die euch so etwas Wunderbares wie sexuelle Lust erleben lassen, ob allein oder zu zweit.

Die Wärme eines anderen Menschen zu fühlen, ist Sinnlichkeit. Ihn zu riechen, zu sehen, zu schmecken, zu hören. Ebenso wie sich selbst in Sinneslust zu erleben. Du kannst wahrnehmen, was mit dir in jenen Momenten geschieht und was sich zeitgleich in dem anderen geliebten Menschen abspielt, ausgelöst durch dich.

Berührungen, um sich beider Körper bewusst zu werden, und um zu erfahren, wie sie letztendlich energetisch zu einem großen neuen Körper werden. Körperliche Liebe ist die Verbindung zu dir, zum anderen und – im Ausdruck höchster Liebe – auch Spiritualität.

Achtsamkeit

Achtsamkeit ist der Zustand, in dem du eine hochwirksame Antenne für die feinen Signale und Botschaften deines Körpers hast. Doch der schnelllebige Alltag, die Gedankenflut, die Einstellung, immer bereit zu sein, sowie die verhängnisvolle Fähigkeit, drei Dinge gleichzeitig tun zu wollen oder vermeintlich auch tun zu können, sind der Gegenpol zur Achtsamkeit und machen taub für die Stimme des Körpers – bis er anfängt zu schreien.

In der Achtsamkeit bist du ganz bei dir selbst angekommen. Frei von ablenkenden Gedanken, frei vom Analysieren und Werten.

Körper und Seele werden als Einheit wahrgenommen und die eigenen Handlungen mit Bewusstheit gefüllt. Im jeweiligen Moment präsent zu sein, ist Achtsamkeit. Sich völlig selbstvergessen seinen Aufgaben zu widmen – mögen sie auch noch so unbedeutend erscheinen – ist Achtsamkeit. Wenig, bestenfalls gar nicht zu denken, beziehungsweise den Gedanken nicht zu folgen, sich im Nachdenken zu verlieren, sondern den Augenblick, das Sein an sich, den gleichmäßig ruhigen Atemstrom zu genießen, ist Achtsamkeit.

Hast du schon einmal erlebt, dass du es eilig hast und dabei fahrig wurdest? Du willst mehrere Dinge gleichzeitig erledigen, steckst deinen Schlüssel in die Tasche, bist dabei gedanklich schon bei der nächsten Sache, und plötzlich weißt du nicht mehr, wo dein Schlüssel ist. Du suchst ihn und wunderst dich schließlich, ihn in der Tasche zu finden. Das ist Unachtsamkeit, die auf Dauer deine Energie erschöpft.

Du verschwendest keine Zeit, wenn du achtsam bist,
anstatt mehrere Dinge gleichzeitig zu tun. Aber du verschwendest
Lebensenergie, wenn du mehrere Dinge gleichzeitig tust,
anstatt achtsam zu sein.

Ich weiß, dass in deiner Welt viele Menschen unter Stress leiden, dass ihre Seele und ihr Körper daran erkranken. Für die meisten eurer Krankheiten ist Stress verantwortlich. Im Alltag findet ihr häufig keine Balance zwischen Arbeit und Genuss. Die Gedanken kreisen unaufhaltsam um unbegründete oder begründete Sorgen. Unverarbeitete alte Konflikte und festgehaltene Wut, das Gefühl, ständig erreichbar sein zu müssen, irgendetwas zu verpassen, für alles und jeden verantwortlich zu sein – all das drückt die Gefäße zusammen, bis sie platzen, belastet die Zellen und das Immunsystem und saugt die Energievorräte aus.

Oft ist euch gar nicht bewusst, dass ihr unter Stress leidet. Und das vielleicht schon seit Jahren. Es muss nicht immer der stressige Alltag sein, von dem man ahnt, dass er auf Dauer krank macht. Auch bedrückende Erfahrungen aus der Vergangenheit können sich manifestiert haben. Diese wirken nun in aller Stille belastend auf Körper und Seele ein, ohne dass man sich dessen bewusst ist. Auch falsche Glaubenssätze, von denen man sich noch nicht befreien konnte, oder ungute, sich wiederholende Beziehungsmuster wirken wie ein schleichendes Gift in den Zellen.

Erkennst du deine Hamsterräder, die dich nicht zur Ruhe kommen lassen, die dich unter Daueranspannung setzen? Bist du bereit, deinen falschen Glaubenssätzen ins Gesicht zu schauen und sie damit zu entlarven und zu verändern? Hast du den Mut, die tiefer liegenden, Stress verursachenden Bilder und Muster deiner Vergangenheit behutsam an die Oberfläche zu heben? Und dich jemandem anzuvertrauen, der dir dabei begleitend zur Seite steht?

Halte kurz inne. Setze dich aufrecht hin, lege die Hände in deinen Schoß, und lasse die Fingerspitzen beider Hände einander berühren. Nun schließe die Augen, und achte für ungefähr eine Minute beim Einatmen nur darauf, wie die Luft durch deine Nasenlöcher in dich hineinströmt. Atme ruhig, und achte nur auf dieses Einströmen der Atemluft an deinen Nasenlöchern. Das ist alles. Nur eine Minute lang.

Dein Geist und dein Körper wissen nun, dass Entspannung und gedankliche Beruhigung sofort, ohne große Anstrengung möglich ist. Du warst für eine Minute lang achtsam. Achtsamkeit ist die Gegenspielerin von Stress. In der Achtsamkeit findet Heilung dadurch statt, dass du vollständig im Hier und Jetzt bist, nicht an gestern denkst, nicht an gleich und auch nicht an morgen. Du nimmst nur wahr, was gegenwärtig ist. Du schaltest deine Wahrnehmung auf spüren und gibst dich meditativ dem Nichtstun oder auch ganz der jeweiligen Handlung in stiller, selbstvergessener Konzentration hin. Präsent sein im Hier und Jetzt. Nur hier ist Raum für dein wahres Ich – für die Botschaften deines Körpers und deiner Seele.

Ich bin mir sicher, dass du schon verschiedene Formen der Achtsamkeit erlebt hast und zwar immer dann, wenn du keine Veranlassung zum Nachdenken hattest:

» *Wenn du innehieltest, um ein Geräusch wahrzunehmen.*
» *Wenn deine vollständige Aufmerksamkeit bei jedem Schritt und jeder Handlung erforderlich war.*
» *In den Momenten völliger Hingabe, beim schöpferischen Schaffen, dem Lauschen der Musik, dem Erleben körperlicher Liebe …*
» *Im Gedankenlosen Vor-sich-hin-Starren.*
» *In der Meditation oder*
» *im Tanz.*

Tag 4 – Mit einem Atemzug zur Achtsamkeit

Ich möchte, dass du dich von diesem Tag an stärker mit dem Zustand der Achtsamkeit vertraut machst, sie in dein Leben einbettest. Denn dies wirkt wie eine Rückkehr zu deinem Ursprung. Was auch immer dir gerade widerfährt, was auch immer du tun oder erfahren möchtest, begib dich – und wenn auch nur für kurze Zeit – in die Achtsamkeit. Momente der Achtsamkeit sind Nahrung für deine Seele, für deinen Körper und Geist. Sie machen dich stark, empfindsam und mitfühlend zugleich.
Du kannst Achtsamkeit mit nur einem Atemzug herstellen – und ebenso schnell wieder verlieren. Doch mit dem nächsten bewussten Einatmen kannst du jederzeit wieder dorthin zurückkehren und versuchen, dann ein wenig länger darin zu verweilen. Auf diese Weise kannst du dir täglich Augenblicke verschaffen, in denen du Ruhe, Frieden und Glück empfindest.

Einatmen – Lächeln, Ruhe und Frieden empfinden.
Ausatmen – Lächeln, Frieden und Stille genießen.

Das ist alles. Richte deine Aufmerksamkeit auf das Ein- und Ausströmen der Atemluft direkt an deinen Nasenlöchern.

Um die Gedankenflut einzudämmen, verfolge deine Gedanken nicht. Fange den Spielball nicht auf, den dir dein Hirn zuwirft, um wieder aktiv zu werden. Lasse die Gedanken einfach gelassen und unbeteiligt links liegen, als würden sie dich überhaupt nicht interessieren.

Widme dich stattdessen deiner Wahrnehmung. Öffne deinen Kopf, deinen Geist, dehne dein Bewusstsein bis weit in den Himmel hinein, als hättest du eine Lichtsonne im Zentrum deines Kopfes, mit der du den Himmel berühren möchtest. Nun lausche. Höre zu. Nimm zugleich alles in dir und alles außerhalb von dir wahr.

Einatmen – Lächeln, Liebe empfinden in dem Wissen, dass du mit allem um dich herum verbunden bist.
Ausatmen – Lächeln.

So wirst du nicht nur Achtsamkeit gewinnen, sondern auch deine Selbstheilungskräfte aktivieren, dein Immunsystem stärken und deine geistige Stimmung erhellen.

Nida

Achtsamkeit. Sie ist es, auf die ich täglich versuche, mich zu besinnen. Als ich meine ersten Erfahrungen mit Achtsamkeit oder vielmehr meine wiedergewonnene Erfahrung mit dem Wahrnehmen meiner selbst machte, bekam ich Angst. Mich zu spüren, war mir unheimlich. Ich schwankte zwischen Weinen und Furcht auf der einen Seite und zwischen Glücksgefühlen und tiefer Liebe auf der anderen. Es war, als hätte ich mich wiedergefunden. Und dieses Kostbare, Verletzliche in mir war mir so fremd geworden, dass es mich ängstigte, mich diesem hinzugeben. Die Energie zu spüren, die meinen Körper durchfloss, die Empfindungen, die in mir tosten, die Stille in meinem Kopf und letztendlich mein Körper, der noch zwischen Unruhe und zunehmender Entspannung hin und her schwankte – all das war mir unheimlich, sodass ich am liebsten davor geflohen wäre, um lieber wieder taub zu werden.

Wann hatte ich mich selbst zuletzt einfach entspannt und im stillen Frieden mit mir wahrgenommen? Als Kind, fürchte ich. Ich habe mich nicht bewusst von mir selbst abgeschnitten. Es ist den schmerzhaften Erfahrungen meines Lebens geschuldet, den Erwartungen an mich.

Achtsamkeit ist mir zu einer Quelle der Kraft geworden. Sie half mir, meine Mitte wiederzufinden und unterstützte mich darin, zu lernen, mich selbst auszuhalten und liebevoll anzunehmen.

Energiekörper

Wenn ich von deinem Körper spreche, so meine ich nicht nur deinen leiblichen Körper. Ich sehe dich immer im Gesamten: mit deiner Aura, deinem feinstofflichen Körper, deinem Energiefeld, das dich umgibt.

Dein Körper endet nicht an der Hautoberfläche. Er strahlt viel weiter und hat eine wunderbar lichte Dublette voller Lebensenergie um sich herum. Sie ist der Spiegel deines Lebens. Sie kann groß und dicht sein oder geschwächt. Deine Gedanken, deine Gefühle, deine derzeitige Lebenssituation, die Einflüsse von außen, deine Ernährung und dein Gesundheitszustand – all das wirkt sich auf deinen Energiekörper aus.

Ist deine Energie schwach, so wirst du das unmittelbar körperlich und seelisch spüren. Du fühlst dich ausgelaugt, müde und gereizt und möchtest nur noch deine Ruhe haben. Dein Energiekörper will sich dringend wieder am Strom der universellen Lebensenergie aufladen. Dazu braucht er Ruhe, Meditation, Natur, frische Luft, Schlaf und Atem. Missachtest du die Zeichen deines Energiekörpers und gehst weiterhin über deine Reserven hinaus, werden sich ziemlich bald dein leiblicher Körper und dein Geist melden – in welcher Form auch immer. Durch einen Infekt, eine Verletzung oder dadurch, dass du dich plötzlich verstimmt, verwirrt oder von dir selbst entfremdet fühlst. Gehst du trotzdem weiter über deine Grenzen hinaus, wirst du schließlich krank.

In der schamanischen Heilarbeit weiß man, dass jede Krankheit zunächst im geschwächten Energiefeld sicht- oder spürbar wird, bevor sie sich im leiblichen Körper manifestiert. Heilung muss deshalb immer auch auf der

Ebene des Energiefeldes stattfinden. Mit diesem Wissen ist es einfacher, ein Gespür für seinen Energiekörper zu entwickeln und dafür, wann er sich mit einer dringenden Botschaft meldet. Schwierige zwischenmenschliche Begegnungen, bestimmte Orte oder auch die Heiltätigkeit lösen bei mir oft den Wunsch nach einem reinigenden Bad aus, nach einer Lichtmeditation, einem Spaziergang im Wald oder auch anderen schamanischen Reinigungsritualen.

Ein geschwächter Energiekörper hat einen geschwächten leiblichen Körper zur Folge, was wiederum Auswirkungen auf die seelische und geistige Verfassung hat.

Kannst du manchmal von dir sagen, dass du keine Energie mehr hast? Dann vertraue darauf, dass es auch so ist, und sorge für dich. Du kannst dich erschöpft fühlen und gleichzeitig sehr zufrieden sein, weil du deine Energie sinnvoll für etwas verwendet hast. Für deine Berufung und deine Leidenschaften zum Beispiel. Dein Körper ist durch die Anstrengung zwar erschöpft, aber deine Aura ganz und gar nicht. Im Gegenteil, sie ist durch die seelisch erfüllende Tätigkeit gestärkt – ihr Licht ist erhellt.

Auf der anderen Seite kann es sein, dass du dich nur mühsam durch den Tag brachtest. Deine ungeliebte Arbeit unterforderte dich, du harrtest der Dinge und fühlst dich anschließend völlig energielos. Dein Körper ist vom Nichtstun erschöpft und dein Energiekörper ebenfalls.

Dinge zu tun, die du nicht magst, in denen du dich fremdbestimmt und seelisch leer fühlst, schwächen deine Lebensenergie – eben weil deine Seele etwas anderes will!

Es sind deine Leidenschaften, deine Gaben – und seien sie auch noch so anstrengend –, die dich erfüllen, dich vorantreiben und ohne zu ermüden am Ende des Tages glücklich sein lassen. Es ist deine Aufgabe, zu erkennen, was die guten, stärkenden Aufgaben in deinem Leben sind und was dich im Widerspruch dazu schwächt.

Wo hast du die Möglichkeit, etwas zu verändern? Und wo musst du es hinnehmen, wie es ist? Allein das Wissen um diese Tatsache kann dir helfen, dass sich dein Blick auf deine gegenwärtige Lage ändert. Durch das Annehmen der Situation, die du weder meiden noch verändern kannst, ist es möglich, die Gegebenheit neu zu beleben oder etwas zu erleichtern.

Doch wenn es die Möglichkeit gibt, jenes, was dich lähmt, leer und entfremdet fühlen lässt, aus deinem Leben zu verabschieden – wirst du es tun? Ungute zwischenmenschliche Begegnungen, einzelne Personen, die dir nicht guttun, in ständiger Reibung mit anderen zu sein, eine überfüllte Stadt, negative Energie – all das schwächt.

Menschen sind, ohne es zu wissen, sehr geschickt darin, sich gegenseitig Energie zu nehmen, doch sie sind auch in der Lage, Energie zu geben. Wenn du dir dessen bewusst bist, kannst du lernen, mit deiner Energie in gesundem Maße umzugehen. Du wirst schnell spüren, welche Begegnungen auf Kosten deiner Energie gehen und welche schönen menschlichen Begegnungen von wahrhaftiger Nähe geprägt sind. Gegenseitige Inspiration, Geben und Nehmen, lässt uns gestärkt auseinandergehen.

Viele Menschen in helfenden, heilenden Berufen wissen, wie schnell es passieren kann, dass sich ihre eigenen Energiereserven durch ihre Tätigkeit erschöpfen. Wenn man mit Energieheilung arbeitet oder seinen Dienst ganz in die Hilfe für andere Menschen stellt, ist es wichtig, an das große Reservoir der uns umgebenden Lebensenergie angeschlossen zu sein, um sich selbst immer wieder zu stärken. Nicht jeder bedürftige Mensch raubt dir Energie, dennoch solltest du eine gute Wahrnehmung für dich selbst entwickeln. Das heißt, einerseits zu helfen und andererseits gut für dich selbst, für deine Energie zu sorgen. Denn Hingabe an die helfende Tätigkeit sollte nicht zur Selbstaufgabe werden. Damit ist niemandem gedient.

Vielen Menschen, von denen du weißt, dass sie dir Energie nehmen, kannst du aus dem Wege gehen. Doch schwieriger ist es bei den ganz nahen, intimen Begegnungen wie den Liebesbeziehungen, den Beziehungen innerhalb der Familie, eben den Menschen, mit denen du sehr viel Zeit verbringst, die dirnahe stehen oder eng mit dir verbunden sind. Manchmal ist es uns vielleicht gar nicht bewusst, dass wir in diesen Beziehungen viel Energie lassen. Und wenn, dann wollen wir es nicht unbedingt wahrhaben. In diesem besonderen Fall hilft nur Ehrlichkeit uns selbst gegenüber, Verantwortung für uns, hineinzuspüren, um zu erkennen, ob der Kontakt von gegenseitigem (energetischen) Geben und Nehmen geprägt ist. Und damit verbunden natürlich die Frage, ob etwas verändert werden muss. Das kann eine schwierige Aufgabe werden …

Ich möchte dir daher einige Möglichkeiten nennen, mit denen du deinen Körper stärken kannst:

» *durch Dinge, die dich glücklich machen, die im Einklang mit deiner Seele schwingen*

» *durch einen Spaziergang in der Natur oder wenigstens durch die Verbindung zu einem Baum in deiner Nähe, um dich an ihm energetisch zu nähren*

» *durch bewusstes Atmen*

» *durch Meditation*

» *indem du deinen Geist nicht mit negativen Gedanken und ärgerlichen Reibereien belastest, sondern möglichst umgehend deine Konflikte klärst und beendest*

» *indem du nicht unnötig Energie verschwendest*

» *durch gutes Essen in Ruhe und Ausgeglichenheit.*

Tag 5 – **Den Energiekörper stärken**

Und das ist deine Aufgabe für diesen Tag …

Ich möchte, dass du zunächst ein Gefühl für deinen Energiekörper entwickelst, um ihn im zweiten Schritt zu stärken. Diese schamanischen Rituale sind allesamt kraftvoll, aber du selbst wirst spüren, welche für dich am besten geeignet sind.

Den Energiekörper, die Aura wahrnehmen

Stelle dich draußen auf eine Wiese oder einen Feldweg oder wohin auch immer du magst. Halte inne, und sei dir deiner selbst bewusst. Nun schaue achtsam um dich herum und versuche, zu erkennen und zu spüren, wie weit dein Energiekörper reicht.

Umgibt er dich eine Armlänge weit? Oder einige Meter? Reicht er vielleicht bis zum nächsten Baum, bis zu den Sträuchern und berührt diese zart?

Kannst du ihn wahrnehmen, spüren? Fühlt er sich stark und gleichmäßig an, oder ist er an manchen Stellen geschwächt? Ist er licht und strahlend? Erkennst du Farben? Welche Botschaften vermittelt dir dein Energiekörper jetzt, in diesem Moment über dich selbst?

Horche in dich hinein, und frage dich, was du brauchst, um deine Energie zu stärken. Oder strotzt du vor Kraft und Tatendrang, um dein Leben zu gestalten?

Nun, wo du deinen Energiekörper gesehen und gespürt hast, kannst du ihn stärken.

Hast du schon einmal willentlich Energie durch Atmung und Meditation aufgenommen? Ich möchte dir dazu einige schamanische

Übungen zeigen. Die einfachste ist, draußen in der Natur zu sein und zu atmen. Bewusstes Atmen schafft bewusste Verbindung mit der uns umgebenden schöpferischen Lebenskraft. Du kannst Licht, Liebe, Frieden und Kraft einatmen. Und ebenso Schmerz, Kummer, und Angst ausatmen. Es stärkt dich auf allen Ebenen, wenn du durch die Natur gehst, in dem Wissen, dass du von purer Lebensenergie umgeben bist und diese Energie gleich einem Licht ohne große Anstrengung bewusst mit deinem Atem in deine Aura und deinen physischen Körper fließen lässt.

Nun erzähle ich dir von einer Atemübung, die deinen Energiekörper vergrößern und stärken wird. Atme langsam tief durch die Nase in den Bauch ein. Halte die Luft kurz an, und atme dann langsam wieder vollständig aus. Verharre anschließend ebenso kurz im leeren Atem. Atme in folgendem Zyklus ein und wieder aus:

6 Sekunden zählend einatmen –
3 Sekunden zählend Atem anhalten.
6 Sekunden zählend ausatmen –
3 Sekunden zählend im leeren Atem verharren.

Versuche das 10 Atemzyklen lang, und spüre anschließend nach, wie du dich fühlst.

Licht und Kraft einatmen

Eine weitere Methode ist, dass du durch die Nase einatmest und dabei visualisierst, wie weiß-goldenes Licht durch deinen Scheitel hinab bis in dein 2. Chakra strömt. Dieses befindet sich zwei bis drei Fingerbreit unterhalb deines Bauchnabels. Halte den Atem einen Moment lang an, und sieh und spüre, wie sich die Energie – gleich einer Lichtkugel – von deinem Bauch aus in den Körper ausbreitet.

Atme wieder aus, und fühle, wie die Energie nun an deinen Händen und Füßen hinausströmt. Es ist, als würde das Chakra das weiß-goldene Licht beim Einatmen zu sich herabziehen.

Atme einige Male auf diese Weise, und dein Körper ist mit Lebenskraft gefüllt. Versuche nun noch einmal, deinen Energiekörper wahrzunehmen. Wie fühlt er sich jetzt an? Größer, stärker, dichter?

Ich selbst entscheide immer intuitiv in bestimmten Situationen oder Stimmungen, was ich brauche, um mich wieder zu stärken. Dazu gehe ich in den nahen Wald, werde achtsam, öffne mein Herz und atme. Für mich ist es wie Essen und Trinken, wie das Aufnehmen von Nahrung. Meine tägliche stille Verbindung mit mir selbst, mit den Botschaften meines Körpers, meiner Seele, mit der Erdenmutter, den Elementen und der schöpferischen Lebenskraft, die mich umgibt – all das finde ich draußen, beim Gehen, beim Innehalten, an einem Baum, einem Stein und im Licht der Sterne über mir.

Die weise Kraft des Herzens

Es gibt endlos viele Weisheiten, die sich um das Herz ranken, doch im Grunde ist die wahre Kraft des Herzens für uns kaum in Gänze zu erfassen. Das spirituelle Herz ist der Kern deiner Liebe und Kraft, Ursprung und Zentrum aller heilenden Transformationsprozesse.

Es ist die Quelle deiner Weisheit, Güte und deines Mitgefühls. Der Ort, an dem deine Seele wohnt. Sei dir bewusst, welch ein geheimnisvoller Schatz in der Mitte deiner Brust ruht. Mit dieser Kraft zu arbeiten, sie zu entwickeln, indem du dein Herzzentrum öffnest, setzt Prozesse in Gang, die tief verändernd und heilend wirken. Nicht nur unmittelbar auf dich, sondern auch auf die Menschen in deiner Nähe und weit darüber hinaus. Das Herzzentrum trägt mit seiner Kraft alle vier Ecksteine deines Seelenfundaments und belebt sie.

Dein Herz durchdringt alle Schichten deines Seins. Es ist dein Anfang und dein Ende. Es verbindet dich mit der großen, schöpferischen Quelle. In deiner Mitte leuchtet unaufhörlich ein Funken aus dem ewigen Licht. Wenn du den Schritt wagst, dein Herz zu öffnen, lässt du dein Licht fließen. Und jeder wird es spüren.

Es ist ein Weg, auf dem du langsam und behutsam schreitest. Es kann anfänglich Angst bereiten, ein lange verschlossenes Herz wieder zu öffnen. Du transformierst damit die Schatten deiner verletzten Seele, die endlich in Form von Gefühlen ausgedrückt werden können und wollen. Du fühlst intensiv Trauer und Schmerz, Liebe, Glück und Euphorie. Abwechselnd, zeitgleich. Stück für Stück muss man sich langsam wieder an das Gefühl des Offenseins herantasten und dadurch neue körperliche, seelische und emotionale Erfahrungen erleben. Manchmal muss das Herz eines Menschen wie aus einem jahrelangen Schlaf erweckt werden, um sein Licht und seine Liebe allmählich wieder aufgehen zu lassen.

Die stärkste Kraft im Universum ist die bedingungslose Liebe. Über das Herzzentrum trittst du in die bewusste Verbindung mit dieser Kraft und fühlst gleichzeitig ihren Ursprung in dir – sie verbindet dich mit allem, was ist. Wenn du die bedingungslose Liebe zunächst auch nur für kurze Zeit in dir aktivierst, kannst du nicht anders als zu lieben; dich selbst, die Menschen, die Tiere und Pflanzen, die gesamte Schöpfung. Du wirst dich zu Hause fühlen, dazugehörig und weißt, du bist aufgehoben. Es ist die wortlose Sprache deiner Seele in Kontakt mit allem anderen Beseelten. Du hast die Fähigkeit, diese Kraft in dir wachzurufen, wann immer du es willst. Auch wenn dein Leben im Chaos zu versinken scheint, du dich unfähig fühlst, etwas zu entscheiden – auf die Weisheit deines Herzens kannst du dich verlassen.

Die spirituelle Botschaft all der weisen Frauen heute und wie zu allen Zeiten schon ist, dem eigenen Herzen zu folgen und nach seinen Entscheidungen zu leben.

Für uns Schamaninnen und Schamanen, die wir seit Ewigkeiten mit der Kraft des weisen Herzens arbeiten und heilen, ist es nicht verwunderlich, zu hören, was die Wissenschaft seit einigen Jahren über das Herz herausfindet: Das Herz eines Embryos beginnt zu schlagen, noch bevor sich das Gehirn bildet. Das Herz selbst hat 40 000 eigene Gehirnzellen und ein Nervensystem, mit dem es Informationen wahrnehmen, lernen und sich erinnern kann – du hast sozusagen ein Herz-Gehirn.

Dein Herz reagiert auf etwas Sekunden vor deinem Gehirn und teilt ihm seine Informationen mit. Und es hat eigenständig eine Entscheidung getroffen, noch ehe dein Gehirn es tut. Überdies weist dein Herz ein starkes elektromagnetisches Feld auf, das noch mehrere Meter von deinem Körper entfernt wahrnehmbar ist und wiederum das Nervensystem anderer Menschen oder Lebewesen beeinflusst. Dein Gehirn synchronisiert sich mit dem elektromagnetischen Puls deines Herzens. In einem Zustand von Liebe und Freude sendet es ein harmonisches Signal an deinen Körper – Atem und Blutdruck synchronisieren sich mit diesem elektromagnetischen Feld. Bei negativen Gefühlen und Stress ist dieses Muster des elektromagnetischen Feldes unharmonisch, und auch das wirkt sich auf deinen Körper aus.

Die spirituelle Arbeit mit dem Herzen transformiert krank machenden Stress und die ihm zugrunde liegenden Bilder und Muster, die tief im Menschen wirken, und heilt alte Wunden und Gefühle. In der Meditation, in der Schwingung von Mitgefühl und bedingungsloser Liebe, im alltäglichen Miteinander voll Wertschätzung, Güte und Zuneigung findet Heilung statt. Freundlichkeit und Liebe allen Lebewesen gegenüber ist gelebte Spiritualität und wirkt heilend auf das eigene Selbst.

Ich möchte dir nun zeigen, wie du dein Herz öffnen kannst. Es ist der wichtigste Schritt, um zu dir, zu deiner Kraft, zu deinem wahren Selbst – deiner Seele – zu gelangen. Es gibt keine Umwege, die am Herzen vorbeiführen. Es gibt nur den Weg durch das Herz und damit durch die Schatten, die dein inneres Licht verdunkeln.

Wenn du etwas Schönes siehst, einen Sonnenaufgang, das Meer oder einen Regenbogen, geht dir im wahrsten Sinne des Wortes das Herz auf. Wenn du mit einem geliebten Menschen zusammen bist, wenn du die Schutzbedürftigkeit eines Babys wahrnimmst, der Anblick einer Rosenblüte, eines Tieres, das dir seine Zuneigung schenkt – all das öffnet das Herz. Aus einem offenen Herzen strömt die Liebe als wahrnehmbare Energie heraus.

In diesen Momenten bist du weich, berührt und selig. Du bist verbunden mit der größten Kraft im Universum, der bedingungslosen Liebe, die in deinem Herzen ihre Quelle hat und in das große Meer der Schöpfung zurückfließt. Das Licht in deinem Herzen erhellt jeden, den du daran teilhaben lässt – und nicht zuletzt dich selbst.

Das Herz bewusst zu öffnen und sich diese Offenheit so lange und so häufig es geht zu wahren und daraus zu denken und zu handeln, ist das hohe Ziel eines bewussten, spirituellen Menschen. So erlebt man Momente des reinen Glücks und wird sich des eigenen Seins, der Seele gewahr.

Im Zustand der bedingungslosen Liebe, die einhergeht mit der bewussten Öffnung des Herzens, bist du in der Energie der höchsten Schwingung. Alte Ängste, die möglicherweise schon seit Langem dein Herz blockieren, werden langsam und behutsam transformiert. So kannst du endlich zu deiner Kraft zurückfinden.

Im Gewahrsein deiner Herzenskraft erkennst du in jedem Menschen seine reine, verletzliche Seele. Es fällt dir leicht, jeden und alles anzunehmen und zu lieben. Ein hoher Zustand des Seins.

Tag 6 – Herzeinstimmung

Erwecke dein größtes Kraftzentrum – dein Herz. Mit dieser Aufgabe legst du den Grundstein für alles Weitere in deinem Leben.

Ich kann dir nur von Herzen schreiben und dich bitten, diese spirituelle Arbeit, die tägliche Einstimmung auf dein Herz, in deinem Alltag zu verankern. Es ist ein Schatz, und du wirst ihn erkennen, wenn du immer und immer wieder deine Kraft in der Mitte deiner Brust fühlst und daraus handelst, denkst und heilst.

Lege nun deine linke Hand auf die Mitte deiner Brust, und spüre, wie weich und empfindsam dieser Bereich ist. Richte nun für einige Zeit deine Aufmerksamkeit auf dein Herzzentrum, und es wird beginnen, sich zu öffnen. Sprich folgenden Satz:

»Ich öffne mein Herz für die bedingungslose Liebe,
die ewige Urkraft allen Seins.«

Spüre, wie sich dein Herzzentrum weit ausdehnt. Nimm alle Empfindungen in deinem Herzen wahr. Sieh, wie sich der Lichtfunke tief in der Mitte deiner Brust ausdehnt und größer strahlt, bis in deinen ganzen Körper, in deine Aura hinein und darüber hinaus. Atme nun tief ein und aus:

Liebe einatmen – und lächeln,
Liebe ausatmen – und lächeln.

Lasse die Liebe in jede Zelle deines Körpers strömen. Lächle deinen Zellen, deinen Schmerzen zu, und sende ihnen Licht, Liebe und Heilung. Du kannst die Hand von der Brust nehmen und dir weiterhin deines Herzzentrums und seiner Energie bewusst bleiben. Egal, was du nun tust, es ist erfüllt von diesem Zustand der Liebe.

Verweile in diesem achtsamen, liebevollen und meditativen Zustand. Dieser ermöglicht nun in deinem Körper das zuvor Geschilderte: Der elektromagnetische Puls deines Herzens sendet ein harmonisches Signal an deinen gesamten Körper. Dein Gehirn, dein Atem und Blutdruck synchronisieren sich damit. Stress wird abgebaut und die ihm zugrunde liegenden Bilder und krankmachenden Muster im Herzen werden transformiert. Auf diese Weise stärkst du dein Immunsystem.

Als weiteren Schritt kannst du die Liebe und die tiefen Empfindungen in deinem Herzzentrum regelrecht aktivieren und diese heilsame Energie bewusst überallhin senden, zu dir selbst oder zu jemand anderem.

Die spirituelle Arbeit mit dem Herzen geht mit tiefen Empfindungen einher. Vielleicht ist dir zum Weinen zumute, du fühlst Rührung,

Mitgefühl. Vielleicht spürst du aber auch einen emotionalen Schmerz oder Blockaden, die in deinem Herzen festgehalten und gefangen sind und sich nun langsam lösen.

Lasse die universelle Energie der Liebe in dein Herzzentrum fließen, und atme bewusst die Schwere aus deinem Herzen, lasse den Schmerz aus deinem Herzen herausströmen. Vielleicht kannst du nun endlich all die Tränen weinen, die du dir vorher aus Angst nicht erlaubt hast. Es wird einige Zeit der bewussten Arbeit mit deinem Herzen in Anspruch nehmen, bis du all die Schatten transformiert und geheilt hast, die möglicherweise in dir ruhen. Aber es wird geschehen, in behutsamen Schritten.

Eine weitere Empfindung bei der meditativen Konzentration auf das Herz kann Ekstase sein. Du fühlst dich euphorisch, tief bewegt oder überschäumend vor Glück. Vielleicht bist du aber auch einfach nur weich und verletzlich wie ein Kind.

All das zeigt dir, dass sich dein Herz geöffnet hat. Du kannst alles um dich herum lieben, die Bäume, den Himmel, andere Menschen, die Schöpfung und natürlich auch dich selbst. Bewahre diese Energie deines Herzens nicht für dich allein. Lasse deine Liebe nach außen strahlen. Sende anderen Licht, Liebe und Mitgefühl aus der Mitte deiner Brust. Es wird sie erreichen und auch ihr Licht erhellen.

Wenn du dich täglich, vielleicht gleich morgens, auf dein Herz einstimmst und es bewusst öffnest, bist du mit deiner Seele und allem, was ist, verbunden – du bist in deiner Kraft. Und mit dieser dich schützenden Energie bewältigst du meisterlich die Aufgaben des Tages. Sicher, es ist wie mit der Achtsamkeit, du könntest aus diesem hohen Zustand des Seins leicht wieder hinab auf den Boden der alltäglichen Herausforderungen fallen. Aber du kannst dich immer wieder von Neuem darauf einstimmen.

Ich öffne mein Herz und gehe
in Schwingung mit der bedingungslosen Liebe –
der Urkraft allen Seins.

Nida

Wie leicht es war, in der Weite und Einsamkeit der mongolischen Steppe das Herz zu öffnen. Wie stark und verbunden ich mich täglich fühlte. Und wie einfach, sich mit der Kraft der Erde zu verbinden, da sich doch in den Flüssen, Bäumen und Bergen um mich herum genau diese Energie endlos widerspiegelte.

Ich war der Erleuchtung nahe, so glaubte ich. Doch mein Leben hier ist die wahre spirituelle Aufgabe für mich, das durfte ich allzu schnell erkennen. Nicht vom alltäglichen Strom mitgerissen zu werden, hier achtsam zu bleiben und aus dem Herzen heraus zu handeln. Meine Oasen der Kraft und der Stille zu gestalten und täglich aufzusuchen, um mich zu nähren und um mich nicht wieder zu verlieren – das ist die eigentliche tägliche Herausforderung für mich.

Vierte Schamanische Einstimmung

Die Herde steht beisammen,
Leib an Leib wie ein GROẞES GANZES,
keiner ist allein.
Die Schwächsten, die Jüngsten in der Mitte,
warm aufgehoben, gebettet
in NÄHE UND SCHUTZ.
Ein friedliches Bild.
Ich sehe Wolken heranziehen, Wind kommt auf.
ES WIRD IHNEN NICHTS ANHABEN.
Stürme, Frost und Hunger, ich sehe sie alles überstehen,
seit Jahren schon gelassen, hinnehmend,
voller Vertrauen und immer im gleichen Bilde aufgestellt – die Herde.
JEDER HAT SEINEN PLATZ. Auch ich habe meinen.

Der zweite Eckstein deines Seelenfundaments

Die Wahrhaftigkeit deiner gelebten Beziehungen

Welches Netz fängt dich auf, wenn du fällst?

Und glaube mir, wir alle fallen – irgendwann. Hat dir das Leben schon ein paar Stolpersteine in den Weg geworfen, an deinen Grundfesten gerüttelt, deinen Glauben an das Dasein, dein Vertrauen erschüttert? Wer war dann da?

Hast du Menschen an deiner Seite, denen du vertraust, dich anvertraust mit all deinen verletzlichen Seiten? Menschen, ohne die du schwierige Zeiten nur schwerlich überstanden hättest, die dir von Herzen geholfen haben – weil sie wussten, dass du dasselbe ohne nachzudenken auch für sie tun würdest? Wenn dem so ist, dann lebst du wahrhaftige Beziehungen. In diesen Beziehungen findest du den Spiegel zu dir selbst. Sie geben dir Antworten auf dein Tun, Sein, Lieben und Streiten. Du erlebst deine Grenzen und die Grenzen der anderen, die zu erkennen und zu wahren man manchmal erst lernen muss. Doch wir brauchen diese Antworten, um uns zu entwickeln. Deine Persönlichkeit, dein Selbst reift durch die gelebten Erfahrungen mit anderen.

Wir sind soziale Wesen. Wir alle leben Beziehungen, ob wir wollen oder nicht. Und wir kommen aus einer Herde, in der wir unseren Platz haben, bis wir uns neue Herden suchen und neue Plätze darin finden müssen. Wir leben unaufhörlich vielfältige Beziehungen. Selbst in der Einsamkeit leben wir in einer Beziehung, der Beziehung mit uns selbst. Diese zu meistern, ist nicht immer einfach.

Nun könntest du mir antworten, dass du bereits eine Beziehung mit einem anderen Menschen lebst und dieser Teil meines Briefes dich nicht weiter interessiert – dass der zweite Eckstein gesetzt sei.

Doch entscheidend ist die eigene aufrichtige Deutung der Güte all deiner gelebten Beziehungen, einschließlich jener zu dir selbst.

Wenn ich Menschen frage, was Glück für sie ist, antworten sie zuerst »Gesundheit« und dann »das Leben in einer glücklichen Partnerschaft«. Es sei denn, sie haben sich gerade erst in einem langen, kräftezehrenden Prozess aus einer Beziehung gelöst und sind froh, wieder allein zu sein – eine Weile lang – bis sie sich erneut nach Nähe und Vertrautheit, nach einem Menschen an ihrer Seite sehnen. Man kann auf vieles verzichten, doch auf vertraute Menschen in der Nähe nur schwerlich.

Wie alle Säugetiere haben wir ein Bedürfnis nach Schutz, Nähe, Wärme, nach einer Herde – in unserem Fall nach einer Familie, in der wir uns gut aufgehoben fühlen. Unter Familie verstehe ich die bunte Vielfalt des Zusammenlebens zweier oder mehrerer Menschen. Mir sind Menschen begegnet, die sehr zufrieden alleine leben. Die sich nichts

anderes wünschen und sagen, sie bräuchten niemanden, sie seien von anderen zu sehr verletzt worden. Nun leben sie allein oder mit ihren Tieren wie in einer Familie. Auch das ist eine Entscheidung.

Beziehungen spiegeln dir die gesamte Palette deines Seins wider. Deine Bewusstheit, deine emotionale Kompetenz, deine großartigen Lichtanteile ebenso wie deine ungeliebten Schattenseiten. Die Art und Weise, wie du Beziehungen lebst, verrät dir mehr über dich selbst, als dir vielleicht lieb ist. Sie zeigt dir, an welchem Punkt der Entwicklung du in deinem Leben gerade stehst oder wo du scheiterst. Sie zeigt dir, welche Lebensthemen du noch zu bearbeiten hast. Wo du Mut beweisen musst, Offenheit und Wahrhaftigkeit, wo Rücksichtnahme und Kompromissbereitschaft erforderlich sind. Wo du elementare Gefühle spüren darfst oder noch lernen musst, deinen Platz zu finden und den Willen zu entwickeln, diesen auch einzunehmen.

Spirituell gesehen sind Beziehungen der Maßstab deiner Bewusstseinsentwicklung. Und sei dir gewiss: Wenn du irgendwann glaubst, endlich einen hohen Zustand der spirituellen Entwicklung erreicht zu haben, in dem du dich liebevoll, gütig, weise, mitfühlend und über den Dingen stehend wähnst, dem vermeintlich niederen Menschsein entwachsen fühlst, wird dir jemand begegnen, und du wirst in eine Situation geraten, die dich derart herausfordert, dass sich die noch ungelösten Schattenseiten in dir unbarmherzig offenbaren werden. Du wirst von der rosa Wolke der Erleuchtung wieder zurück auf den Boden der menschlichen Wahrheit stürzen – wo du in diesem Fall auch hingehörst – wie wir alle. Denn wir sind keine Engel. Wir sind Menschen, mit all dem, was uns ausmacht, dem inneren Licht wie dem inneren Wolf. Beides sollten wir betrachten. Beides sollten wir achten, damit die Liebe in uns wachsen kann und mit ihr das Licht, das den Schatten erhellt.

Beziehungen sind unsere Korrektive. Nur durch sie konnten wir uns seit frühester Kindheit an sozial entwickeln. Und die Entwicklung hört nicht auf, nur weil wir alt werden oder glauben, schon am Ende der Weisheit angekommen zu sein. In jüngeren Jahren ist uns der Blick der anderen noch sehr wichtig. Wir wollen nach außen treten und uns in Beziehungen jenseits der Urfamilie erleben. Wir wollen gesehen und geliebt werden. Wir suchen Anerkennung und unseren Platz in der Gemeinschaft. Wir wollen herausfinden, wer wir sind. Mit zunehmendem Alter lernen wir, unserem eigenen Blick auf uns zu vertrauen. Wir kennen unsere Muster, unsere Unzulänglichkeiten. Wir lernen, besser damit umzugehen. Wenn es uns gelingt, unseren eigenen Wert zu erkennen und zu lieben, wenn wir wissen, was wir können und wo unsere Grenzen sind, bewegen wir uns nicht mehr vom Ego geleitet durchs Leben, sondern geführt von unserem wahren Selbst. Was andere von uns glauben und denken wird nebensächlicher. All das ist ein schönes Geschenk des Älterwerdens – wenn es uns denn gelingt, mit der Menge der Lebensjahre auch reifer und weiser zu werden.

Wünschst du dir, geliebt zu werden? Wie liebesfähig bist du selbst? Und wie bereit bist du für das Glück der Nähe? Kannst du Liebe mit all ihrer Kraft und ihren Facetten wirklich aushalten? Bist du stark genug dafür?

Wieder lieben zu lernen,
kann zu einer wahren Lebensaufgabe werden.
Lieben ist ein Ausdruck der Seele.
Doch so oder so, du hast es in der Hand,
beziehungsweise im Herzen – die Liebe.

Die Beziehung zu dir selbst

Ich liebe mich selbst und weiß um meine Schattenanteile.
Sie sind da, und ich gehe wertschätzend mit ihnen um.
Ihr Dasein hat Berechtigung. Denn die Schatten sind Anteile in
mir, die in Lebenssituationen des Mangels und der Not geboren
wurden. Ich kann mir sicher sein, dass sie sich sofort melden,
sobald ich mich – und sei es auch nur ein klein wenig –
an den Mangel und die Not von damals erinnert fühle.
Seit ich das weiß, habe ich gelernt, meine Schatten zu lieben.
Dadurch wurden sie bereit für die Veränderung,
für die Transformation in Licht.
Immer seltener fühle ich mich nun erinnert.
Immer seltener wird es nun schattig.

Sich selbst zu lieben, macht die Liebe zu einem anderen Menschen erst wahrhaftig möglich. Du kannst dich selbst lieben und gleichzeitig auch alle anderen – aber du kannst nicht alle anderen lieben, nur dich selbst nicht.

Eine gute Beziehung zu dir selbst bedeutet, dich anzunehmen, wie du wirklich bist, mit der Bereitschaft zur Veränderung, zur Weiterentwicklung und zu innerem Wachstum. Dir deiner selbst bewusst zu sein und den Mut zu haben, die oben genannten Schatten zu betrachten, sie wie ein verletzliches Kind an die liebevolle Hand zu nehmen, das ist inneres Wachstum. Dich aus Selbstliebe – nicht aus egozentrischem Narzissmus – um deine eigenen Bedürfnisse und um dein Wohlergehen zu kümmern, bedeutet, eine feine Wahrnehmung für die Bedürfnisse anderer zu entwickeln. Nur aus der eigenen Kraft heraus hast du genug Kraft für andere.

Wenn du dich selbst bedingungslos von Herzen liebst, wenn du weißt, dass du großartig und liebenswert bist, braucht dein Ego nicht mehr die ständige Bestätigung durch die Zuwendung vieler anderer. Du wirst dich fähiger, gütiger und weiser in der Beziehung mit anderen durchs Leben bewegen.

Die Liebe zu dir findest du nur in deinem Herzen und im Kontakt mit deiner Seele. Doch genau dort verbergen sich auch deine Wunden, warten darauf, gesehen und geliebt zu werden, um dadurch zu heilen. Deine verletzten Anteile und deine Kraft – beides ruht dort Hand in Hand. Lässt du dein Herz aus Angst verschlossen, werden sich deine Wunden trotzdem bemerkbar machen, immer wieder in bestimmten Situationen, doch deine Kraft hat es so weitaus schwerer, sich zu entfalten und dir zur Seite zu stehen.

Was bleibt dir, wenn du dich selbst nicht liebst und von einem dir nahen Menschen verlassen wirst?

In der Liebe zu dir selbst bewahrst du dir deine Liebesfähigkeit. Du hältst so dein Herz offen. Wenn du einen Verlust erlebst, wird es sich einstweilen wund anfühlen. Doch mit offenem Herzen bleibst du dir selbst erhalten und wirst nicht abhängig von einem neuen Gegenüber, um dich als liebenswert empfinden zu können.

»Liebe deinen Nächsten, wie dich selbst.« In diesem Zitat findet sich die Essenz des Ganzen wieder. Die Liebe zu dir selbst ist der Schlüssel zu anderen. Kannst du von Herzen sagen: **»Ich liebe mich«**?

Wenn es dir schwerfällt, möchte ich dir als Aufgabe ans Herz legen, diesen Satz mehrmals täglich zu dir selbst zu sagen, zu denken und zu fühlen. Sei der Mensch für dich, auf dessen Liebe du dich immer verlassen kannst, und ich bin mir sicher, es wird dir die Liebe anderer einbringen.

Tag 7 – **Herzöffnung**

Gehe heute zurück zu dem Teil des Briefes, in dem ich über die weise Kraft des Herzens[1] schrieb. Ich möchte dich bitten, die Übung des Herzöffnens zu machen. Sei mutig, und wage es, deine Kraft zu be-

1 Siehe S. 71.

trachten und auch deine Wunden – beides ruht in deinem Herzen. Öffne dich, und liebe.

Liebe dich selbst, liebe deine Wunden, dein Sosein. Und wenn du etwas findest, worüber du stolperst, weil es dir nicht gefällt, weil es etwas ist, was du dir nicht verzeihen kannst, was du einfach nicht sehen und lieben willst, dann liebe gerade das. Sende Liebe bewusst dorthin, löse es durch deine Liebe auf, immer und immer wieder, bis es seine Schattenkraft verliert und belanglos wird wie flüchtiger Nebel. Liebe es – liebe dich. Mit der Öffnung deines Herzens bist du mit allem, was ist, verbunden und wirst gehalten vom kosmischen Ganzen. In der Liebe des allumfassenden Weltherzens wirst du getragen.

Die Wahrhaftigkeit einer Liebesbeziehung

Das Verschmelzen mit dem einen besonderen Menschen, ohne sich dabei selbst zu verlieren, mit all den Schwierigkeiten, die damit einhergehen: Das ist unsere größte Herausforderung bei diesem zweiten Eckstein des Seelenfundaments – wahrhaftige Beziehungen.

Das Bedürfnis nach Nähe und Geborgenheit, danach, gehalten zu werden, sich gut aufgehoben zu fühlen, nach körperlicher und geistiger Liebe wird in einer guten Liebesbeziehung gestillt. Dem anderen so nahe zu kommen, wie es irgend geht, ohne die jeweiligen Grenzen zu missachten, ohne je den Respekt voreinander zu verlieren. Das eigene Potenzial in der Beziehung zu entfalten und dabei ein gutes Gleichgewicht von Geben und Nehmen zu wahren. Man selbst sein zu dürfen und dafür bedingungslos geliebt zu werden. All das sind unsere Sehnsüchte, sind Ziele und anspruchsvolle Aufgaben für uns und unser Gegenüber.

Eine Liebesbeziehung von solch einer Qualität zu leben, erfordert Mut und Anstrengung. Man muss viel dafür tun: wachsam bleiben, offen, kompromissbereit, entwicklungsfähig und gewillt, den ersten Schritt zu tun, wenn das Gefühl der Nähe nachlässt. Manchmal muss man lernen, die eigenen Ängste oder den Stolz zu überwinden, um mit dem anderen wieder verschmelzen zu können.

Es ist viel Vertrauen vonnöten, um sich in einer Liebesbeziehung so zu zeigen und dem anderen zuzumuten, wie man wirklich ist, fühlt und denkt. Man glaubt sich schutzlos, wenn man es wagt, offen und ehrlich zu sein und sich vollständig hinzugeben. Die Innigkeit einer Beziehung wächst mit dem Maß an Vertrauen, das jeder Einzelne in der Lage ist, dem anderen gegenüber zu entwickeln. Die bedingungslose, wachsende Liebe zueinander geht damit Hand in Hand.

Ich glaube fest daran, dass ein mangelndes Urvertrauen, das durch früheste Erfahrungen erschüttert wurde, durch eine Partnerschaft von hoher Güte geheilt werden kann. Doch das ist ein langer, herausfordernder Weg, den man nur in kleinen behutsamen Schritten gehen kann. Denn unbewusst wird der verletzte Teil in uns den geliebten Menschen wiederholt dahingehend prüfen, ob er wirklich stark genug für uns ist. Aber sind wir denn auch stark genug für die verletzlichen Seiten des anderen?

Die Qualität einer Beziehung misst sich an der Begegnung auf Augenhöhe, am Gleichgewicht des Gebens und Nehmens, am Spüren und Wahrnehmen des eigenen Empfindens und das des anderen. An der aufrichtigen

Kommunikation miteinander und an einer übereinstimmenden Idee vom Leben. All das macht es möglich, die Erfüllung einer Liebesbeziehung zu erfahren, in der man satt wird und weiß, man ist angekommen.

Veränderungen gehen trotzdem weiter und machen erst recht vor einer Liebesbeziehung nicht halt. Doch wenn man achtsam bleibt und bereit ist, sich miteinander zu verändern, geht man den Weg gemeinsam.

Die Beziehung zur Familie

Wir alle sind einem Nest entsprungen, allein oder mit Geschwistern. Vielleicht war es warm, nah und sicher. Bestenfalls fühlten wir uns gut darin aufgehoben. Doch vielleicht war es auch nicht so schützend und versorgend, wie wir es gebraucht hätten. Vielleicht hat sich das Nest aufgelöst, noch bevor wir wirklich bereit für die Welt waren.

Wie war es bei dir? Wie war deine Ursprungsfamilie, von der aus du in die Welt aufbrachst? Hattest du das Glück, ein Nest zu haben, in dem du so lange bleiben konntest, wie es gut für dich war? Deine Ursprungsfamilie hat dich geprägt, sollte dich nähren und deine Bedürfnisses stillen. Wie satt bist du geworden? Wie liebevoll wurden deine Bedürfnisse erkannt und versorgt? Diese Erlebnisse bestimmen dich bis heute.

Deine Eltern, die dich für dein gesamte späteres Leben prägten, gaben dir all die Dinge mit auf den Weg, an die du dich zeitlebens erinnern wirst, sobald du in zwischenmenschliche Beziehungen eintauchst. Liebe, Zwänge, Aufträge, Ermutigungen, Verletzungen, Selbstwertgefühl – deine Eltern habe tiefe Spuren in deiner Seele hinterlassen, sie haben dein Urvertrauen beeinflusst, gefestigt oder auch nicht.

Wenn deine Eltern dich mit einem Mangel an Liebe und Vertrauen ins Leben hinausgeschickt haben, hast du damit die Aufgabe mit auf deinen Weg bekommen, diese beiden Urbedürfnisse auf andere Art und Weise auszugleichen – indem du gut und liebevoll für dich selbst sorgst und nährende Beziehungen pflegst, die von Wertschätzung und Nähe erfüllt sind.

Vergebung und Dankbarkeit sind wesentliche Dinge, die du auch um deiner selbst willen näher betrachten solltest, wenn du an die ersten Menschen in deinem Leben denkst. Gibt es etwas zu vergeben? Ist eine Aussöhnung mit jemandem vonnöten? Oder kannst du von Herzen »Danke« sagen? Für das Leben, das sie dir schenkten, für das Versorgen, die Liebe, das Aufziehen, das Ermutigen, das Freigeben. Und bestimmt noch für einiges mehr …

Du machst dir selbst das größte Geschenk, wenn du die Dinge bereinigst, die möglicherweise zwischen dir und deiner Kernfamilie stehen. Es ist nie zu spät dafür. Du setzt damit die Energien endlich wieder frei, die viel zu lange schon ungut auf dir lasteten, die dich lähmten und im Leben hinderten.

Du hast ein Recht darauf, frei zu sein.
Doch du musst die Freiheit auch wollen und bereit sein,
die dafür erforderlichen Schritte zu wagen. Der erste ist,
bei dir selbst zu beginnen – loslassen – freilassen.

Großeltern können einen Mangel von Seiten der Eltern ausgleichen. Ebenso wie Geschwister, die einerseits in der Not ein Netz von Verlässlichkeit und Füreinander-da-Sein bilden und andererseits den Wert, den jeweils anderen sein Leben leben zu lassen ohne einander je zu verlieren, in sich bergen. Geschwister verbindet die gemeinsame Familiengeschichte, die ein jeder je nach Alter, Rolle, Geschlecht und Geburtenfolge anders schreiben würde. Die Familie ist das Beständige, die bedingungslose Liebe, die bleibenden Beziehungen. Auch wenn sie in deinem derzeitigen Leben vielleicht nicht mehr allgegenwärtig sind, so sind sie doch immer da, wirken direkt oder unbewusst – verankert in deinen Genen, in jeder deiner Zellen.

Vielleicht sind die Beziehungen zur Urfamilie sogar die schwierigsten von allen, begleiten sie uns doch vom ersten Atemzug an unser gesamtes, facettenreiches Leben hindurch. Es muss schon etwas sehr Schwerwiegendes vorfallen, dass man die Liebe zu seiner Familie verliert. Manchmal können Beziehungen zur Mutter, dem Vater oder zu Geschwistern so schwierig werden, dass man sich trotz verankerter Liebe keine oder nur selten Begegnungen wünscht.

Vielleicht steht etwas Unausgesprochenes im Wege. Ein beharrliches Schweigen, Leugnen, ein Familiengeheimnis oder auch Wortlosigkeit für etwas, das einst geschehen ist, obwohl der Wunsch bei allen Beteiligten besteht, die Dinge zu klären. Doch die Fähigkeit dazu, sich zu offenbaren und sich umgekehrt anzuhören, was angesprochen werden muss, fehlt.

Manchmal mangelt es von Seiten der Urfamilie auch an der Zustimmung zur Art und Weise, wie man das eigene Leben gestaltet. Doch niemals sollte man sich selbst verleugnen. Den eigenen Weg ohne die Zustimmung nahestehender Menschen zu gehen, ist schwer. Doch einen Weg ohne die Zustimmung der eigenen Seele zu wählen, ist Gewalt gegen sich selbst.

Vielleicht hast du selbst eine Familie gegründet und hast Kinder; die Beziehung zwischen dir und deinem Kind ist geprägt von einer ganz anderen einzigartigen, bedingungslosen Liebe. Solange es um deine Kinder geht, bist du bereit, über deine Grenzen, die endlos weit erscheinen, hinauszugehen. Und erst recht wenn die Kinder noch klein sind. Die Energie, die du zu geben bereit bist, ist schier endlos.

Am Anfang eurer Beziehung bist du die Gebende, Nährende, Beschützende, und du bist es gerne. Doch wenn sie allmählich heranwachsen, begegnet ihr euch immer mehr auf Augenhöhe. Der Abnabelungsprozess verändert eure Beziehung wiederum einschneidend. Und später dann, wenn sie erwachsen sind, kommt es zu einem Geben und Nehmen zwischen euch, bis eines Tages deine Kinder wiederum beginnen, sich vermehrt um dich zu kümmern, und so schließt sich der Kreis. Wo bleibst du jenseits deiner Elternrolle, die vielleicht schon bald nicht mehr so gefragt sein wird? Die Verbindung zu deinen Kindern wird nicht schlechter, nur weil du möglicherweise anfängst, etwas für dich selbst zu gestalten. Weil du das Bedürfnis entwickelst, nicht nur Elternteil sein zu wollen, sondern dich abseits davon auch anders spüren und erleben willst. Deine eigenen Wünsche und

Ideen zu verwirklichen, schließt sich nicht durch die Beziehung zu deinen Kindern aus. Im Gegenteil, bleibe auch hier wahrhaftig, dann läufst du nicht Gefahr, unerfüllte Wünsche und Ideen von deinem Leben auf deine Kinder zu übertragen, damit sie deine Träume leben.

Schließlich gibt es noch die weite Steppe der Beziehungen zu all den anderen Menschen, fernab von Familie und Partnerschaft, doch sind sie manchmal genauso tragend, einschneidend und bedeutend – Freundschaften. Deine Freunde können für dich zur Familie werden. Sie kennen dich in- und auswendig, sind deine engsten Vertrauten, mit denen du lachen, weinen, tiefe Gespräche führen, Abenteuer erleben und einfach nur sein kannst. Ihr tut euch gut, seid füreinander da. Eine wahrhaftige Freundschaft kann lebenslang währen. Auch wenn die Nähe zueinander in bestimmten Lebensphasen vielleicht nicht immer konstant sein mag, so ist es doch immer möglich, wieder an das Band der Freundschaft anzuknüpfen. Selbst über Entfernungen und Jahre hinweg geht Freundschaft nicht verloren. Freundinnen können karmisch uns verbundene Schwestern sein – es ist, als würde man sich bereits viele Leben kennen und seit Urzeiten zusammen am Feuer sitzen …

Die Beziehung zu weniger vertrauten Menschen

Kannst du fremden Menschen auf der Straße ein Lächeln schenken ohne Angst vor Ablehnung zu haben? Kannst du ihnen freundlich begegnen, weil du deinen Tag mit einem Lächeln für dich selbst beginnst, und dich diese Energie durch den Alltag trägt? Probiere es aus, auf diese Weise teilst du ein wenig von deiner Liebe, weil du weißt, dass sie dir erwidert wird – im

Kleinen, wie im Großen. Doch magst du dich selbst nicht leiden, wirst du andere abwerten, um es für dich selbst erträglicher zu machen.

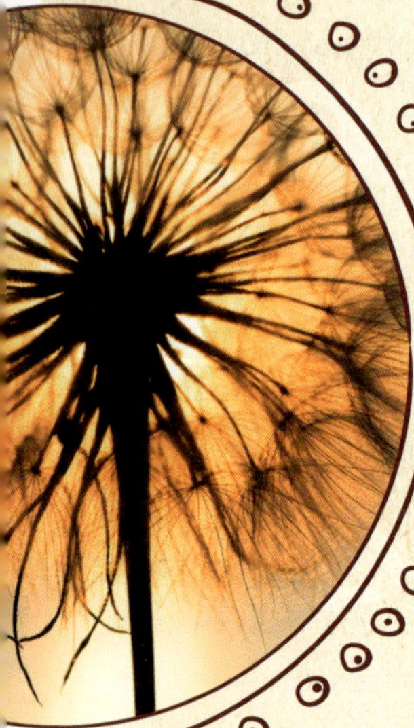

Wir gehen ungerne das Wagnis ein, uns jemandem zu öffnen. Wir haben Angst vor Ablehnung. Wir befürchten, dass sich der andere vielleicht nicht öffnet – und wir beispielsweise jemandem ein Lächeln schenken, der verstört wegschaut. Dass wir einen Fremden auf der Straße grüßen und er nicht zurückgrüßt. Das sind Kleinigkeiten, die für uns aber mit dem unangenehmen Gefühl der Ablehnung verbunden sind.

Doch das wahre Problem hat letztendlich der andere, dem es an Selbstliebe mangelt, weswegen er uns nichts von sich geben kann. Bleiben wir offen und liebevoll in uns, überwiegt das Gute, und das bereichert nicht nur uns, sondern auch alle anderen. Wenn du geliebt werden möchtest, musst du beginnen zu lieben – in diesem Moment. Wenn du wahrhaftige Freundschaft erfahren möchtest, musst du bei dir selbst beginnen und es wagen, dich zu offenbaren.

Bei wem fühlst du dich wohl, wertgeschätzt, geachtet und geliebt? Bei wem darfst du ganz und gar so sein, wie du bist? Niemand zwingt dich, Beziehungen zu Menschen zu pflegen, die dir nicht guttun. Es ist allein deine Entscheidung. Und du kannst deinem Gespür – deinem Herzen und deiner Körperweisheit, die dir Signale sendet – vertrauen, sofern du ehrlich zu dir selbst bist.

In einer Beziehung nicht ehrlich zu sein, hat oft etwas damit zu tun, den anderen nicht verletzen zu wollen. Den anderen zu schonen, um eine unangenehme Auseinandersetzung zu meiden. Doch ist dir die Person wichtig, ist es erforderlich, ihr mitzuteilen, was du wirklich denkst und fühlst.

Lebst du alle Beziehungen schonend, dann entgeht dir die Erfahrung von wahrer Nähe und Intensität. Bleibe in deinen Beziehungen authentisch. Das ist sicher die größte Herausforderung. Auch gute Beziehungen sind manchmal schwierig, bringen Streitigkeiten mit sich, sind nicht immer so nah, wie du es dir vielleicht gerade wünschst. Doch die ehrliche Arbeit an deinen Beziehungen wird auch deinen Entwicklungsweg vorantreiben – wird dich näher zu dir selbst und zu anderen bringen. Du wächst an und in deinen Beziehungen – den guten wie den schlechten.

Beziehungen sind die besten Lehrmeister.
Doch verhindern sie Entwicklung, darfst du sie infrage stellen.

Manchmal treffen wir auf Menschen, bei denen wir gleich wissen, dass wir ihnen lieber aus dem Wege gehen möchten, und dennoch harren wir in der unangenehmen Begegnung aus, und lassen uns – im vollen Wissen, was da gerade mit uns passiert – energetisch aussaugen.

Wie ist es bei dir? Tust du dich schwer darin, rechtzeitig deine Grenzen zu spüren und Begegnungen, die dir nicht guttun, rechtzeitig zu beenden? Oder bist zu höflich oder gar zu bequem, um auszusteigen?

Tiere sind uns da weit voraus. Sie machen einen Bogen um jeden, den sie nicht mögen oder dessen Energieausstrahlung ihnen nicht behagt. An diesem Punkt können wir von ihnen lernen: Auch wir dürfen gehen, wenn uns jemand unangenehm ist. Bleibe dir gegenüber ehrlich, auch wenn es nicht immer einfach ist.

Mit aller Ehrlichkeit sich selbst gegenüber kann sich die unangenehme Wahrheit offenbaren, dass ein Mangel an guten Beziehungen im Leben dazu geführt hat, eher schlechte Beziehungen zu führen als gar keine.

Die Qualität deiner Beziehungen geht Hand in Hand mit deiner stetig wachsenden Fähigkeit, dich mehr und mehr zu offenbaren. Den Mut zu haben, dich in aller Schwachheit zu zeigen, in vorsichtigen Schritten die Kontrolle aufzugeben und stattdessen Vertrauen zu finden und zu lieben – bewusst das Herz den Menschen gegenüber zu öffnen.

Wenn du gelernt hast, in den Menschen die verletzliche Seele zu erkennen, kannst du sie lieben und annehmen – kannst ihnen ein heilendes Lächeln schenken und dadurch euer beider Lichter ein wenig erhellen.

Die Beziehung zu dir selbst, die Beziehung zu deiner Partnerschaft, zur Ursprungsfamilie, zur Familie, in der du heute lebst, zu wahren Freunden, die letztendlich auch Familie werden können, und zu all den anderen Menschen ehrlich und authentisch zu leben, ist eine Herausforderung. Es gehört eine Menge Mut dazu und mitunter auch Konsequenz. Die wichtigste Frage ist immer: Bei welchen Menschen kannst du wirklich du selbst, mit all deinen Eigenschaften sein – schwach, traurig, müde, wütend, witzig, ausgelassen, schön, mit all deinen Gaben und Talenten, ohne dich kleiner machen zu müssen, ohne den anderen abzuwerten, ohne Zensur auf der Zunge, die eine inspirierende Intensität des Gesprächs verhindert?

Und bedenke das Gesetz der Anziehung. Mit deiner Resonanz, der Ausstrahlung deines Herzens und deiner Denkweise ziehst du die hierzu passenden Menschen an – im positiven wie im negativen Sinne.

Beziehungen heilen

Nun möchte ich dir das hawaiianische Versöhnungs- und Vergebungsritual Ho'oponopono ans Herz legen. Es ist sehr lichtvoll und hochwirksam. Du kannst damit Beziehungen auf allen Ebenen heilen und zurück ins Gleichgewicht bringen. Beziehungen auf höherer karmischer Ebene ebenso wie Beziehungen zur Natur, zur Erdseele, zu den Tieren. Wenn du das Ritual aufrichtig anwendest, kannst du damit vielfältig und schöpferisch arbeiten und somit der Erde und allem Lebenden einen guten Dienst erweisen. Alles lässt sich transformieren. Das Wort Ho'oponopono bedeutet sinngemäß etwas wieder richtigzustellen, in Ordnung und in Harmonie zu bringen.

Denke an den Menschen, mit dem du dich im Ungleichgewicht befindest. Fühle den Konflikt in dir, in deinem Herzen, und nun sprich oder denke die folgenden vier Sätze:

»Es tut mir leid.
Bitte verzeihe mir.
Ich liebe dich.
Danke.«

Das hört sich einfach an, nicht wahr? Und du fragst dich nun vielleicht, ob es tatsächlich so kraft- und wirkungsvoll ist, wie ich es dir versprochen habe? Das ist es! Doch die Schwierigkeit dabei sind zwei wesentliche Punkte: Die ehrliche Bereitschaft, die Energie einer Beziehung wirklich bereinigen zu wollen und diese vier Sätze im Herzen zu fühlen und dann zu sprechen.

Angenommen, du ärgerst dich über jemanden, der sich deiner Meinung nach falsch verhalten hat. Wut ist ein Gefühl, das sehr schnell aufkommt. Doch ebenso schnell solltest du es auch wieder gehen lassen. Grübelst du noch lange unentwegt über die Worte und die Taten des anderen nach, steigerst dich immer tiefer in die negative Energie hinein, bis die ehemals kleine Sache dich völlig mitreißt.

Auf diese Weise bleibst du unter Umständen eine lange Zeit im Zustand der Wut verhaftet – womit du dich selbst am meisten schädigst. Die Energie der festgehaltenen Wut vergiftet und schwächt deinen Körper und deine Aura.

Wenn wir uns vergegenwärtigen, wie viele kleine oder auch schwerwiegende Nöte und Konflikte wir im Laufe unseres Lebens erfahren haben, die vielleicht ungelöst geblieben sind, gibt es viel zum Aussöhnen. Möglicherweise musst auch du eine Menge emotionalen Ballast um deiner selbst

Willen verabschieden – damit du wirklich in deine Kraft kommen kannst. Wenn du also schwer an einem Konflikt, einer alten noch immer wirkenden Geschichte trägst, wenn du jemandem etwas zu verzeihen hast – allen voran dir selbst – ist nun die Zeit, deine Gefühle endgültig zu transformieren und deine Wunden zu heilen. Sofern du bereit bist, diese vier Sätze aufrichtig zu sprechen und zu fühlen:

»Es tut mir leid, dass all das geschehen ist und zwischen uns steht. Bitte verzeihe mir«, »Ich verzeihe dir, und ich verzeihe mir meine Worte und Taten«, »Ich liebe dich, und ich liebe mich. Ich liebe den Teil in mir, der für diesen Konflikt, dieses Handeln verantwortlich ist«, »Danke. An das Große Ganze, das Universum, das nun mit wirksamer Energie an die heilende Bereinigung geht«.

Vielleicht fragst du dich: »Wie kannst ich jemanden lieben, der sich mir gegenüber schlecht verhielt, der mir Böses angetan hat?«

Weil du weißt, dass du damit bei dir selbst bleibst, in der Energie deines Herzen, und dich dadurch heilst. Du lässt die Last der Angelegenheit aus deiner Aura gehen und löst sie auf. So transformierst du die Energie im Kraftfeld des Großen Ganzen, das uns alle umgibt und miteinander verbindet. Wenn du die Worte »Ich liebe dich« sprichst, sagst du damit ebenso, dass du dich selbst liebst.

Wenn du dich gerade in einem Streit mit jemandem befindest, wirst du diese vier Sätze wahrscheinlich zu Anfang wütend und zähneknirschend sagen oder denken. Doch wenn du sie drei- oder viermal wiederholt hast, wirst du spüren, wie sich dein Herz langsam wieder öffnet, wie die schwere Ener-

gie vergeht und sich alles leichter, gelöster anfühlt. Vielleicht beginnst du sogar, über das Ganze zu lächeln. Oder es kommen dir die Tränen. Dann weißt du, dass du die Sätze in Resonanz mit deinem Herzen gesprochen hast. Sei nicht überrascht, wenn der Mensch, mit dem du Streit hast, einlenkt und auf dich zugeht, noch bevor du überhaupt alle vier Sätze zu Ende ausgesprochen hast. Auch das kann geschehen, denn deine Energieausstrahlung verändert sich in dem Moment, in dem du entscheidest, dich zu versöhnen. Und das ist für alle anderen spürbar, sind sie doch im Herzen mit dir verbunden.

Die Anteile, die du in dir heilst, heilst du ebenso beim anderen und in der Gesamtheit der Welt. Ein kosmisches, spirituelles Prinzip. Du leistest deinen Anteil zu einer besseren Welt, wenn du bei dir selbst beginnst und deine eigenen ungeheilten Schatten bereinigst.

Es ist ebenfalls möglich, das Versöhnungsritual für Familienmitglieder oder Freunde zu sprechen. Vielleicht weil diese selbst nicht in der Lage sind, ihren Konflikt zu lösen. Wenn du helfen möchtest, einen Streit zwischen Geschwistern oder Vater und Sohn zu klären, versetzt du dich zuerst in den einen und sprichst die Sätze für ihn, als würde er sie seinem Gegenüber mitteilen. Dann machst du es genauso für den anderen. So transformierst du einen großen Teil der negativen Energie, die das Aufeinanderzugehen der beiden bisher verhinderte, und hilfst ihnen, ihren Streit beizulegen.

Ho'oponopono lässt sich auch für mehr Frieden in den Welt anwenden. Kriege, politische Konflikte und Nöte … wir tragen einen Teil dieser globalen Energie in uns und helfen der Welt, indem wir diesen Teil in uns auflösen und die kraftvollen Worte der Vergebung ins allumfassende Energiefeld senden.

Doch zurück zu dir, zu all den Bereichen, in denen du dir Versöhnung wünschst. Betrachte dein Leben, die Menschen, die dich verletzten und denen du wehgetan hast. Vielleicht möchtest du dich einige Tage lang zurückziehen und für alles, was aus der Erinnerung in dir aufsteigt, von deiner Kindheit bis heute, diese vier Sätze der Vergebung sprechen? Und wundere dich nicht, wenn dir immer mehr kleine und größere, lang vergessen geglaubte Konflikte in den Sinn kommen. Es ist alles noch da, gespeichert in deinen Zellen und in deinem Energiefeld. Es wartet darauf, bereinigt zu werden, damit es endlich vollständig gehen kann und du damit einen großen Schritt weiter in deine Kraft gehst.

Tag 8 – **Der Spiegel der Beziehungen**

Betrachte heute deine Beziehungen. Spüre hinein, welche du wahrhaftig lebst, in welchen du dich gut aufgehoben und getragen fühlst. Dies sind die Beziehungen, die dich mit Liebe und Dankbarkeit erfüllen.

Welche Beziehungen gilt es dagegen zu klären? Wo steht etwas zwischen dir und dem Menschen, der dir wichtig ist oder war? Welche

Beziehungen sind nicht gut für dich? Und warum? Gehe diesen Fragen auf die Spur. Kannst du die Beziehungen retten und heilen? Willst du das auch? Oder ist es besser für dich, wenn du diese Verbindungen löst? Weil du immer wieder daran scheiterst und weil diese Beziehungen dich mit deinem Licht und deiner Kraft nicht wollen.

Wenn du deine Beziehungen aufrichtig betrachtet hast, möchte ich dich als nächstes bitten, mit Ho'oponopono zu beginnen und all das zu heilen, was geheilt werden muss. Egal, wie lange es dauert. Du wirst spüren, wann alles transformiert ist.

Nida

Vergebung war das, was es mir möglich machte, endlich wahre Beziehungen zu leben. Vieles hat sich seither für mich verändert. Damals war ich stark, so glaubte ich. Doch Stärke ist nicht, sich eine Maske der Belastbarkeit, der Souveränität, der Kontrolle und der Unnahbarkeit zuzulegen – sich nur mit solchen Anteilen anderen gegenüber zu präsentieren, die alle beeindrucken. Doch genau das tat ich, ich konnte nicht anders.

Wahre Nähe aber erhielt ich dadurch nicht. Niemand war in meinen Augen stark genug, um mir ein angemessenes Gegenüber zu sein. Ich konnte nicht Vertrauen fassen, ich, der allerkleinste, schwache Teil meiner Seele. Dabei war es genau das, wonach ich mich sehnte. Doch diese Sehnsucht gab ich nicht mal vor mir selbst zu.

Die Zeit bei Guai Yaga hat mich gelehrt zu vergeben – mir selbst und allen anderen. Ich lernte, meine Aura zu reinigen und meine Vergangenheit dadurch zu heilen. Das hat Kräfte freigesetzt. Ich spürte, dass Schwäche zu zeigen, mich anzunehmen, wie ich wirklich bin, die Masken zu begraben und mich dem Leben hinzugeben, eine Weichheit in mein Herz brachte, die Menschen anzog, bei denen ich genau so sein durfte. Endlich wurde ich satt in einer Beziehung. Und dann erkannte ich, was Stärke wirklich ist: *Mein gesamtes offenbartes Sosein.*

Fünfte schamanische Einstimmung

Mutter Erde, Vater Himmel
und ich hier, dazwischen,
eure Kraft tränkt meine Seele.
ICH BIN …
Wanderte durch viele Leben, Zeiten, Dimensionen
und bin doch dieselbe Essenz geblieben.
ICH BIN …
Werde ich mich erinnern – in diesem Leben?
An das, was ich war und was ich sein werde,
in immer anderem Gewand, an anderem Ort?
Meine Essenz ist, zu leben, zu lieben,
die Kraft des Wortes, die Botschaft des Großen Allumfassenden
nicht zu leugnen, den mondförmigen Spuren
meiner Krafttiere zu folgen,
ICH BIN …
und werde es immer bleiben …
… die, DIE ICH BIN. In dieser Wahrheit liegt meine Kraft.

Der dritte Eckstein deines Seelenfundaments

Dein Ausdruck in der Welt

Ich bin …

Die Kraft dieser zwei Worte bringt dich auf tiefe, bedeutsame Weise in Kontakt mit deinem Höheren Selbst. *Ich bin …* Das ist der uralte, ewige Teil in dir. Das, was immer war und immer sein wird. Deine innere Stimme, die nach Wahrhaftigkeit verlangt. *Ich bin …* Deine Wahrheit jenseits des Körpers und des Egos. Wir tauchen ein in das Mysterium deines Selbst und lauschen den Antworten auf die Fragen nach deiner Kraft, deinem Ausdruck in dieser Welt. Der dritte Eckpunkt des Fundaments der Seele – *Ich bin …*

Ja, wer bist du? Was ist der wahre Kern in dir? Wenn du dem nachspürst, eröffnen sich dir so viele Facetten des eigenen Seins, dass dir allmählich bewusst wird, wie groß, wie großartig du wirklich bist: *der Ausdruck deines Selbst in der Welt* – die Aufgabe deiner Seele in Verbindung mit der Aufgabe deines Ichs hier auf der Erde, in diesem Leben. Und so wird es vollkommen.

Wir haben dieses Leben, unsere Zeit auf der Erde. Als Kinder sind wir voller Träume und fantastischer Ideen über uns selbst und über unsere Fähigkeiten. Wir sind nicht unbescheiden. Wir sind unerschütterlich im Glauben an unsere Talente. Wir beharren auf dem, was wir tun wollen. Wir wollen die Welt retten, Frieden stiften, unseren Eltern Reichtum zukommen lassen. Wollen Ärzte sein und jeden heilen, den Armen geben und alle Tiere beschützen. Wir wollen singen, tanzen und mit unseren Bildern

Werke für die Ewigkeit schaffen. Das ist die Kraft, die wir mit in dieses Leben bringen – und die wir im Laufe der Zeit allmählich wieder verlieren …

… weil sie uns genommen wird durch den Mantel des Zweifels,
… weil wir lernen, uns anzupassen,
… weil wir lernen, bescheiden zu werden,
… weil uns unsere Talente ausgeredet werden,
… weil sie als nicht wichtig genug für das wirkliche Leben erscheinen,
… weil unsere Lebensumstände nicht dazu beitragen, dass wir den Glauben an uns selbst festhalten und diesen mit ganzer Kraft leben.

Wir kommen voller Wahrhaftigkeit und Authentizität auf diese Welt. Doch das Schwierigste im Laufe des Lebens ist, uns beides zu bewahren. Wahrhaftige, authentische Menschen leben und handeln in Übereinstimmung mit dem, was sie fühlen und denken. Ihr Leben ist gestaltet vom Ausdruck ihrer Seele. Sie wissen, was ihre innere Wahrheit ist und lassen sich diese nicht nehmen. Sie leben ihre Liebe zum Sein und bringen es nach Außen. Dies gelingt nur durch die vollständige Wahrhaftigkeit uns selbst gegenüber. Nur so können wir aufrecht die Widerstände des Lebens meistern. Wenn wir uns selbst belügen, ist das Fundament unseres Lebens eine einzige, auf flüchtigen Sand gebaute Unwahrheit. Niemals werden wir darin Halt, geschweige denn Glück finden.

Unsere Gesellschaft ist nicht wirklich für Authentizität gemacht, denn authentische Menschen irritieren, sie brechen die strengen Regeln des Gewohnten. Weil sie andere mit wahren Gefühlen, ehrlichen Worten und gelebter kreativer Energie und Kraft konfrontieren. Es ist bequemer, den Menschen mit kleinen Lügen und Masken des Alltags zu begegnen, anstatt wahrhaftig zu sein. Fragst du dich gerade, wie es dir gelingen kann, deine wahre Ich-bin-Gegenwart, deine Kraft zu leben, wenn du dich gleichzeitig immer wieder zurücknehmen musst? Wenn du dich nicht mit all deiner Vielfalt und Energie den Menschen zumuten kannst? Wenn man dir immer wieder zu verstehen gibt, dass du zu viel bist?

Wurde dir deine Authentizität im Laufe des Lebens genommen, ist es ein mühevoller Weg, sie dir zurückzuerobern. Doch auf der anderen Seite beraubst du dich selbst tagtäglich, wenn du viel Energie darauf verwendest, deine Lebendigkeit zu unterdrücken, bis du sie selbst nicht mehr spürst und sie nur noch als eine fast verloren gegangene Erinnerung existiert. Doch deine Kraft ist immer noch da und wartet – wartet auf den Tag, an dem du sie endlich wieder frei lebst.

Lass uns zu dir selbst zurückkehren. Wahrhaftig zu leben, so wie ich es verstehe, bedeutet, der Seele Raum für Lebendigkeit und Ausdruck zu geben – dies ist der dritte Eckstein deines Seelenfundaments.

Das Einzige, das dir in deinem Leben
die Richtung vorgibt, ist deine Seele.
Dann ist es fürwahr auch dein Leben,
in dem du vollends zu Hause bist.

Vielleicht möchtest du jetzt wissen, wie du die Aufgaben deiner Seele erkennen kannst? Wann du wirklich im Sinne deiner Seele handelst und dein Leben gestaltest? Ich will versuchen, dir darauf Antworten zu geben. Und ich möchte dich inspirieren, selbst zu entdecken, welche Kraft in dir ruht, was deine Seele will und was du mit in dieses Leben bringst.

Wir alle haben unsere Talente, Leidenschaften und Gaben, mit denen wir unser Seelenpotenzial ausdrücken. Sie sind wie ein Ruf in uns. Wenn wir ihm nachgehen, sind wir selig und stets von neuem krafterfüllt für den Alltag. Wir wissen: Sie tragen uns selbst noch in den Momenten, in denen alles andere um uns herum schwierig erscheint.

Die meisten unserer Talente glauben wir, früh zu erkennen. Wir sind uns ihrer bewusst, weil wir spüren, wie sehr wir mit Liebe und Hingabe in ihnen aufgehen, weil wir begnadet darin sind. Doch manche Gaben entdecken wir auch erst mit zunehmendem Alter. Sie offenbaren sich uns mit den veränderten Herausforderungen des Lebens, oder wir entdecken sie ganz plötzlich durch »Zufall«. Je öfter wir Neues wagen, desto eher eröffnen sich uns Fähigkeiten, derer wir uns nie bewusst waren. Und gleichzeitig zeigen sich uns anderswo unsere Grenzen. Etwas Neues tut sich auf, etwas anderes bleibt zurück. Oder umgekehrt: Erst gehen Türen zu, die lange für uns offen standen – wir sind erschrocken, treten eine Weile unruhig auf der Stelle und wissen nicht, wohin es weiter geht –, und dann eröffnet sich uns etwas anderes Großartiges. Neue Türen gehen auf.

Sich dem Fluss des Lebens hinzugeben und offen zu sein für Zeichen, Wegweiser oder Visionen, bedeutet auch, stets an seiner eigenen Weiterentwicklung zu arbeiten. Wir wissen nicht, was alles in uns schlummert, wenn wir es nicht ausprobieren. Eine Gabe kann uns in die Wiege gelegt worden sein, sie kann sich im Laufe des Lebens offenbaren oder sich auch erst zum Ende der Lebenszeit hin zeigen. Manche Menschen sind mit so vielen Gaben gesegnet, dass sie gar nicht wissen, welcher sie die größte Aufmerksamkeit widmen sollen. Was wollen sie zum Beruf machen und was soll Zeitvertreib bleiben? Das sind schwierige Entscheidungen, die dem Lebensweg eine bedeutsame Richtung geben.

Welche Aufgabe zu welcher Zeit seinen Raum fordert, kann sich in verschiedenen Lebensphasen immer wieder wandeln. Den Botschaften des Herzens, der Seele und auch des Körpers zu lauschen, hilft in solchen Momenten, Klarheit zu erlangen, und Vertrauen in das Große Ganze zu fassen, das nicht selten in solch unschlüssigen Zeiten nachhilft, indem es uns unmissverständlich in Richtung der Gabe schubst, drängt und keine andere Wahlentscheidung zulässt.

Eine Gabe birgt in sich immer auch eine Aufgabe. Vielleicht sogar eine Lebensaufgabe. Sie kann sich im Beruf ausdrücken oder auf einer ganz anderen Ebene. Möglicherweise ist die Gabe sogar eine Aufgabe der Seele. Seelenaufgaben begleiten uns mehr als nur ein Leben lang. Und um es noch verwirrender zu machen – wir können auch mehrere Berufungen, Lebens- und Seelenaufgaben haben.

Kommen wir nun zu Entwirrung, ich unterteile *deinen Ausdruck in der Welt* für dich in diese drei Bereiche:

- *Beruf/Berufung*
- *Lebensaufgabe*
- *Seelenaufgabe*

Sie umschließen auch deine Talente, Gaben und Leidenschaften, die sozusagen die Substanzen oder Essenzen dieser großen Drei sind.

Beruf und Berufung

Hiervon will ich dir zuerst erzählen: Es ist ein großes Glück, wenn du von deinem Beruf sagen kannst, dass er auch deine Berufung ist. Jeder Tag, an dem du deinem Ruf folgst, gibt dir die ersehnte Sinnhaftigkeit. Du weißt, keine Stunde ist verloren, in der du dich deinem Beruf und damit deiner Berufung widmest.

Manche Menschen wissen schon früh im Leben, was ihre Berufung ist. Sie lassen sich diese nicht ausreden, sondern arbeiten beharrlich an dem Ziel, ihre Berufung zu verwirklichen und bestenfalls auch davon leben zu können. Haben sie das geschafft, sind sie sich selbst treu geblieben und haben Großes erreicht. Doch ich kenne nur sehr wenige Menschen, bei denen es sich so fügte.

Es gibt viele verschiedene Wege, zu seiner Berufung zu finden oder wenigstens zu einem Beruf, in dem man seine Talente und Gaben zum Ausdruck bringen kann. Manchmal kommt uns erst im Alter die Erkenntnis, dass die

Zeit endlich reif für die eigene Berufung ist. Nichts spricht mehr dagegen, außer dem mangelnden Mut und die eigenen Zweifel. Vielleicht haben wir uns jahrelang mit Aufgaben gequält, die uns nur halbherzig erfüllten, doch ertragreich, sicher und bequem waren. Doch dann erinnern wir uns wieder unserer Talente, unserer Träume und wagen den großen Schritt zur Veränderung. Das ist gelebte Selbstliebe – und unser gutes Recht. Nicht selten hilft uns dabei der Lauf der Zeit, die Energie des Großen Ganzen, die uns zur Weiterentwicklung und damit zur Entdeckung unserer Berufung führt. Vielleicht weil wir mit einer neuen Tätigkeit betraut werden oder gezwungen sind, uns einen anderen Job zu suchen. Und dann stellen wir überrascht fest, dass die neue Aufgabe uns völlig erfüllt. Wir sind genau dort, wo wir immer sein wollten, endlich in unserer Berufung angekommen.

Ich denke, du weißt sehr genau, was dir dein Beruf gibt oder was dir fehlt. Hast du berechtigte Zweifel, so musst du gründlich abwägen: bleiben oder weitergehen, sich weiterentwickeln, die gewohnten, vertrauten Pfade verlassen, um sich auf das Abenteuer des Neuen zu begeben.

Man kann lange Zeit einem Beruf nachgehen, der viele Jahre wichtig, lehrreich und ein Teil des Lebensinhalts war – doch dann entwächst man ihm langsam und nichts fühlt sich mehr richtig an. Was damals stimmte, stimmt nun nicht mehr. Dann ist es Zeit, sich zu verändern, Zeit, seinen Beruf der gereiften Bewusstheit anzupassen. Dazu gehört Mut, und nicht jeder bringt ihn auf. Doch wenn einer Tätigkeit nicht mehr mit voller Seelenkraft nachgegangen werden kann, wird sich irgendwann die Frage stellen, wie lange es gut geht, sich selbst und seinen Wunsch nach Entwicklung zu unterdrücken. Eine Weile wird es gehen – bis man sich irgendwann energielos und entfremdet fühlt.

Was ist zu tun, wenn der Beruf plötzlich Widerstände in uns hervorruft? Es kann helfen, die innere Haltung ehrlich zu überprüfen und dann im Guten zu verändern. Manchmal lässt sich die Energie für die Arbeit dadurch wiederfinden, dass man sich ins Bewusstsein zurückholt, dass das Ganze einen Sinn macht – für sich selbst und für die Welt. Zuweilen müssen die Umstände bei der Arbeit durch eigenes Verhalten, durch Hingabe so verändert werden, dass es sich wieder stimmig anfühlt. Auch das kann eine Lösung sein. Doch sind Zweifel allgegenwärtig, muss man sich die Frage stellen, ob man noch grundsätzlich ein Ja zu seinem Beruf und der Arbeitsstelle als solches in sich findet. Wenn dem so ist, braucht es eigentlich nur eine klare innere Entscheidung dazu, und es kann wieder Energie, Freude und Leichtigkeit entstehen. Aber wenn das innere Ja nicht mehr existiert, steht man vor sich selbst in der Verantwortung.

Wir müssen keine großartigen Berufe haben, um glücklich zu sein. Es kann auch eine einfache Tätigkeit sein, die uns das Gefühl gibt: Dieser Beruf gehört zu mir. Entscheidend ist, dass wir die Aufgabe gerne tun. Dass wir zufrieden sind und Sinnhaftigkeit in unserem Tun spüren. Wir alle haben unseren eigenen Ausdruck. Niemand kann uns etwas überstülpen, das nicht mit unserem Sein harmoniert.

Die schwerste Zerreißprobe ist es, mit der Berufung, der man viel Zeit widmet, nicht den Lebensunterhalt bestreiten zu können. Für viele künstlerische, schöpferische Menschen ist es der größte Wunsch, sich dem Ausdruck der Seele und des Herzens vollständig zu widmen. Doch wovon soll man dann leben? Und so sind sie gezwungen, eine gesunde Balance zu finden zwischen der Berufung, den Gaben und Talenten und möglicherweise einem einfachen Job, der für das tägliche Brot sorgt. Alles, was aus reiner

Seelenliebe geschaffen wurde, ist schön und wahrhaftig. Und ein jeder, der sein Herz öffnet, erkennt den Zauber in solch einem Werk. Das ist der Lohn.

Von einer Gabe leben zu können, ist ein großes kosmisches Geschenk. Wenn es so sein soll, weil es zu unserem Seelenplan gehört, wird es sich so fügen. Aber nicht immer ist es unserer Entwicklung zuträglich, von einer Gabe allein zu leben. Entweder weil wir die Erdung verlieren würden oder wir uns aus gesunden zwischenmenschlichen Beziehungen herausziehen, um in anderen Welten und Dimensionen zu wandern.

Egal, ob spirituelle Heilarbeit, Schreiben, Malen, Kunstwerke schaffen – in dem Moment, in dem wir mit verkrampfter Anstrengung versuchen, von einer Gabe zu leben, unsere Seelenenergie verkaufen zu wollen, geht das Schöpferisch-Spielerische darin verloren. Stattdessen gehen wir in Resonanz mit dem, was unserem musischen Seelenausdruck abträglich ist: Müssen, Wollen, Zwang – Ego. Wir verlieren unsere Authentizität, die den Schaffenden eigen ist. Nicht das erfüllende Tun am Werk ist mehr wichtig, sondern das, was es als Ergebnis einbringt – weil es etwas einbringen muss. Und dann verzweifeln wir, weil es nicht mehr funktioniert. Weil wir mit unserer Idee scheitern, bis wir schließlich an unserer Gabe zweifeln und sie aufgeben, ihr enttäuscht den Rücken kehren. Das kann nicht der richtige Weg sein. Wir wollen uns ausdrücken, wir wollen etwas schaffen, und dem müssen wir Raum geben. Aber wir dürfen es nicht verkaufen, das kann die Seelenkraft entzaubern, was auch immer diese ist …

… die Welt retten, Frieden stiften, heilen, sich für die Armen einsetzen, Tiere und die Natur schützen, singen, tanzen und mit Bildern Werke für die Ewigkeit schaffen.

Tag 9 – Beruf oder Berufung?

Was kommt dir in den Sinn, wenn du über deinen Beruf, deine Berufung nachdenkst? Konntest du dich in meinen Zeilen wiederfinden? Deine Aufgabe für diesen Tag ist, in dir zu forschen, ob du ein Ja zu deinem Beruf, zu deiner Arbeit findest.

Frage dich:

» **Geht es dir mit dem, was du tust, gut?**

» **Arbeitest du mit Menschen zusammen, die dich achten und wertschätzen?**

» **Erfüllt dich deine Arbeit mit Sinnhaftigkeit?**

» **Überwiegen die guten Seiten?**

» **Kannst du dich durch deine Arbeit weiterentwickeln, weil du neue Erfahrungen machst?**

» **Lässt dir die Arbeit genug Zeit und Raum für den Ausdruck deiner Seele?**

» **Ernährt dich deine Arbeit ausreichend? Kannst du zufrieden nach Hause gehen?**

» **Ist die Arbeit deine Berufung, oder lebst du diese woanders aus?**

» **Bist du dankbar für deine Arbeit?**

Falls dich meine Fragen bekümmern, weil du kaum eine mit einem klaren Ja beantworten konntest, frage dich, was du willst und was du ändern kannst. Falls du dir wirklich sicher bist, dass du absolut nichts im Außen verändern kannst, was sehr selten der Fall ist, dann ändere deine innere Haltung zur Arbeit. Das ist die Freiheit, die du hast. Doch sorge gut dafür, dass du jenseits der Arbeit das tust, was du willst, was deine Seele will.

Nida

Mein Hadern mit meinem Beruf, den ich immer schon als meine Lebensaufgabe verstanden hatte, führte mich zu Guai Yaga. Bereits als Kind entschloss ich mich, Ärztin zu werden. Entschloss ich mich? Oder wusste ich es? Das sind zwei unterschiedliche Aspekte. Entschloss ich mich, weil bestimmte tief greifende Erfahrungen von damals mich dazu brachten? Oder wusste ich es – weil es meine Seelenaufgabe ist zu heilen und ich diese von Leben zu Leben mit mir trage?

Ich denke mittlerweile, dass Letzteres der Fall ist. Doch die Art und Weise, wie ich meinen Beruf ausübte oder vielmehr, wie er mich bestimmte, wie ich zuließ, dass er mich ungesund vereinnahmte, bis ich mich selbst fast auflöste, entsprach niemals meiner einstigen Idee vom Leben. Und darin finde ich das wieder, was Guai Yaga schreibt: nicht bis zur Selbstaufgabe gehen. Nicht fremdbestimmt, nicht ohne Selbstliebe und Achtsamkeit, nicht ohne Authentizität und nicht ohne Phasen des Innehaltens und des Spürens das eigene Leben vergehen lassen.

Heute ist mein Beruf das, was ich tun will. Er gibt mir Zufriedenheit und erschöpft mich wohltuend. Aber ich forsche immer wieder in bestimmten Zeitabständen in mir nach, ob ich noch ein Ja zu meiner Berufung finde.

Die Lebensaufgabe

Deine Lebensaufgabe ist eine Gabe oder eine Aufgabe, die dich ein Leben lang begleiten wird. Vielleicht fordert sie einige Zeit lang all deine Energie und steht an erster Stelle all dessen, was dich bewegt. Dann wiederum ruht sie möglicherweise eine Weile im Hintergrund, sodass du ihr kaum Aufmerksamkeit schenkst. Doch verloren geht sie dir nie. Du kannst dir sicher sein, dass sie sich bald wieder zurück in dein Bewusstsein drängt und du spüren darfst, wie sehr du in deiner Lebensaufgabe deine Erfüllung und dein eigenes Selbst entdeckst.

Vielleicht erkennen wir unsere Lebensaufgabe erst spät im Alter, weil wir ihrer leisen Stimme zuvor schlichtweg kein Gehör schenkten. Doch dann erinnern wir uns ihrer wieder, weil sie als Idee schon seit unserer Kindheit in uns existiert – damals vielleicht noch in kindlich abgewandelter Form –, und nun wollen wir sie endlich leben, denn sie drängt mit archaischer Kraft an die Oberfläche unseres Seins und erfüllt uns endlich mit Glück.

Die Lebensaufgabe kann sich im Beruf oder der Berufung ausdrücken, dennoch geht sie darüber hinaus; sie ist auf einer höheren Ebene einzuordnen. Es können auch mehrere Aufgaben sein, denen du dich im Laufe des Lebens von ganzem Herzen widmest, sei es nacheinander oder zugleich. Alles ist möglich. Lebensaufgaben können etwas völlig Unauffälliges sein. Etwas, das man zunächst gar nicht als solche bezeichnen würde. Vielleicht stellst du dir darunter etwas Großartiges, die Welt Veränderndes vor. Aber tatsächlich ist das selten der Fall. Zumindest wenn wir davon absehen, dass alles, selbst das Kleinste, bereits Einfluss auf die Welt hat …

Deine Lebensaufgabe kann ihren Ausdruck durch die Gründung einer Familie finden, durch spirituelle Heilarbeit, durch kreatives künstlerisches Schaffen, durch einen erfinderischen Geist, durch den Einsatz für das Gute, durch den Dienst an anderen Menschen, … Sie kann umfassende Auswirkungen haben, die Welt verändern oder sich allein auf deine eigene Entwicklung beziehen, zu lernen, dich anzunehmen, zu lieben, wie du bist. Dich gut und liebevoll um dich selbst zu kümmern, weil du verdient hast, dass es endlich einmal jemand tut. Oder eine erfüllende gleichberechtigte Beziehung zu leben und zu gestalten, … Wir können auch ein Leben damit verbringen, die Wunden in uns zu heilen, die uns mit dem ersten Herzschlag oder in den ersten Lebensjahren zugefügt wurden. Auch Vergebung kann eine Lebensaufgabe sein.

Du weißt sicher selbst am besten, welches Thema dich schon ein Leben lang begleitet. Denkst du gerade, dass dir deine Lebensaufgabe noch nicht so recht bekannt ist? Wünschst du dir, sie endlich zu finden? – Sie ist bereits da. Ich bin mir sicher, dass du eine Vision von ihr hast. Sei mutig und ehrlich zu dir selbst. Wovon träumst du? Was sind deine lange gehegten Wünsche? Womit haderst du, weil du weißt, dass es eine Kraft in dir zum Schwingen bringt, die du fürchtest, aber so gerne ausleben möchtest? Was hast du dir immer verboten, aus Angst, es könnte dich aus deinem geordneten Dasein hinauskatapultieren, da du ahnst, dass in dieser Aufgabe all deine Lebendigkeit und Leidenschaft zum Vorschein kommen wird? Ahnst du, dass deine Lebensaufgabe nicht mit deinen Alltagsaufgaben oder deinen Beziehungen harmoniert? Sei nicht brav – sei du selbst! Authentisch mit der dir innewohnenden Kraft, die du schon ein Leben lang in dir trägst und die du nun nicht länger zurückhalten musst.

Falls sich dir nun der entmutigende Gedanke aufdrängt, du hättest keine Energie und kein Zutrauen mehr, um deine Lebensaufgabe zu leben, lass ihn fallen. Durch diesen Gedanken schneidest du dich vom Lebensstrom ab, anstatt dich ihm mit ganzem Herzen zu öffnen. Die Wahrheit ist, dass es dich mehr Energie kostet, deine Gaben nicht zu leben, sie zurückzuhalten, als sie in deinen Alltag einzuflechten, wo sie hingehören.

Die Lebensaufgabe als manifestierte Energie in die Welt zu bringen, bedeutet, den Mut, die Beharrlichkeit und auch die Zielstrebigkeit aufzubringen, sich mit Kraft und Herzenswillen dafür einzusetzen. Im übertragenen Sinne musst du an vielen Türen rütteln, und wenn die richtige dabei ist, die »Lebensaufgaben-Tür« oder auch die »Berufungs-Tür«, dann wird sie sich für dich öffnen. Und du wirst Unterstützung erfahren.

Nicht selten werden wir zuvor hart geprüft und müssen so einiges einstecken, bevor sich endlich ein lichtvoller Weg abzeichnet. Doch allein das Wünschen und Hoffen reicht nicht aus. Hilf dir selbst, dann hilft dir Gott. Die Energie, die du von Herzen aufwendest, kommt zu dir zurück. Vertrauen und der Glaube an dich selbst und an das Große Ganze, das mit seiner unendlichen weisen Energie jede Lebensaufgabe begleitet, wird dir den Weg weisen.

Die Seelenaufgabe

Wir gehen noch eine Ebene höher: zu unserer Seelenaufgabe. Gehe davon aus, dass du bereits einige Male auf diesem Planeten gewesen, Mensch gewesen bist. Leben, Tod, Wiedergeburt – dein Körper vergeht, dein Name, dein Ego stirbt, aber du, deine Seele, dein wahres Selbst, gleitet durch alle Zeiten, sammelt Erfahrungen und hat seine Aufgabe, eingebettet im Großen Ganzen. Du wirst geboren und beginnst von Neuem, dich zu erkennen, dich zu erinnern, deine Seelenaufgabe anzunehmen, was auch immer diese sein mag. Sie ist die spirituelle Aufgabe, die dich seelisch ewig begleitet, sie ist deine wahre Essenz.

Deine Seelenaufgabe ist allem anderen übergeordnet. Sie hat Einfluss auf deine Beziehungen, kann sich in verschiedenen Formen in deiner Lebensaufgabe, deinen Gaben, deinem Beruf und deiner Berufung ausdrücken und durch sie gelebt werden.

Du kannst dir deine Seelenaufgabe als eine übergeordnete dir innewohnende Kraft vorstellen, die du in den unterschiedlichsten Facetten deines Tuns zum Ausdruck bringst. Ein Thema, das du mit in dieses Leben gebracht zu haben scheinst und das sich wiederkehrend offenbart – in den unterschiedlichsten Zusammenhängen und Lebensphasen. Immer wieder klopft sie an deine Seelentür und bittet um Aufmerksamkeit.

Vielleicht ist die Aufgabe deiner Seele auch einfach zu leben, das Leben als solches anzunehmen und zu achten, zu akzeptieren, Mensch auf dieser Erde zu sein. Und zu lieben. Liebe kann eine große Seelenaufgabe sein, an der man leicht scheitert. Wahrhaftige Beziehungen zu leben oder sich in den Dienst der Nächstenliebe, des Menschen zu stellen, all das sind

Seelenaufgaben. Auch schöpferisch tätig zu sein, ist eine Kraft, die der Seele entspringt. Möglicherweise schaust du dir heute die Kunst von einst an, an der du selbst beteiligt warst. Oder du konntest deine Schöpfungskraft nie ausleben, und nun stehst du wieder davor, dich endlich zu trauen.

Sei es, vergangenes Leid wiedergutzumachen, deine Verbundenheit mit der Schöpfung, deine Liebe zur Natur und zur Erdenseele immer wieder anders zum Ausdruck zu bringen, Glaube, Heiltätigkeiten, eine Botschaft in die Welt zu tragen, Leben zu schenken und zu schützen, … all das sind Seelenaufgaben.

Bis zu deinem siebten Lebensjahr kannst du dich noch an das vorhergegangene Leben erinnern mitsamt deinen Gaben, Talenten, Ängsten und Abneigungen. Kannst du dir vergegenwärtigen, was dir als kleines Kind ein Anliegen war?

Deine Seelenaufgabe ist das, worin du in reiner Glückseligkeit aufgehst. Deine tiefste Sehnsucht, deine früheste Idee vom Leben. Etwas, worin sich dein wahres Gesicht zeigt und du felsenfest weißt: Wenn du das tust, bist du mit jeder Faser du selbst. Kein Zweifel mischt sich in deinen Plan, deine Seelenaufgabe tun zu wollen oder so sein zu wollen, wie du wahrhaftig bist.

Deine Seelenaufgabe in dein Leben einzubetten, ist dein Geburtsrecht, dein *Seelenrecht*. Es ist die größte Verantwortung, die du für dich selbst übernehmen kannst, nämlich, dafür einzustehen, deinen *Seelenweg* zu leben und den Widerständen zu trotzen. Es ist dein Weg zur Heilung, zur Ganzwerdung. Und glaube mir, wenn du dem Weg deiner Seele folgst, wirst du von überallher Unterstützung erfahren. Darauf kannst du vertrauen.

Es ist der unerschütterliche Glaube an dich selbst,
der sich dir in der Seelenaufgabe offenbart.

Ähnlichkeiten und Unterschiede

Beruf/Berufung, Lebensaufgabe und Seelenaufgabe sind miteinander verwoben – sie sind kaum voneinander zu trennen. Das eine kann im anderen zum Ausdruck kommen. Du kannst dir auch das Bild vom Großen (der Seelenaufgabe) zum Kleinen (der Berufung) vorstellen.

Berufung und Lebensaufgabe können bis auf feine Unterschiede fast übereinstimmend sein. Vielleicht haben sie aber auch gar nichts miteinander zu tun, weil sich die Berufung auf den Beruf und die Talente begrenzt, die Lebensaufgabe aber ein seelisches Thema ist, das tiefe Gefühle anspricht wie Vergebung oder den eigenen Platz in der Gemeinschaft, in der Welt einzunehmen.

Der Dienst an anderen

Wenn du dein wahres Selbst in der Seelenaufgabe, Lebensaufgabe und Berufung zum Ausdruck bringst, um einen Teil deiner Energie der Welt und den Menschen zu schenken, erfährst du Sinnhaftigkeit und Glück. Jede aufgewendete Stunde, in der du anderen etwas von dir gibst, bewirkt

Gutes. Wir tragen das Wissen in uns, dass, wer Gutes tut, auch Gutes erhält. Das ist das Gesetz der Anziehung, des Gebens und Nehmens.

Wenn wir von der Welt reich mit Glück beschenkt wurden, ist es uns ein Anliegen, auch etwas davon zurückzugeben. Nur zu nehmen, nur sich selbst zu sehen, führt irgendwann in eine Leere. Zurück in den Mangel, aus dem dieses unstillbare Verlangen, haben zu wollen, geboren wurde.
Gibst du dieser Welt, die dir dein Leben spendet, etwas von dir zurück, hinterlässt du Spuren, die gut und wahrhaftig sind. Keine andere Aufgabe kann dich so zufriedenstellen wie einen Teil deiner Energie für den Dienst an anderen einzusetzen.

Eine Aufgabe für dich

Tue heute jemandem etwas Gutes. Gib ganz bewusst etwas von deiner Energie an andere weiter. Was du tust, bleibt dir überlassen. Doch erkenne deinen inneren Reichtum, erkenne, was du alles bist und was dir geschenkt wurde. Und gib heute jemandem etwas von dir, von deinem Reichtum ab.

Kannst du gut zuhören, dann schenke jemanden Zeit, der ein offenes Ohr gerade dringend braucht. Bist du handwerklich geschickt, dann hilf jemandem. Bist du eine Wortkünstlerin, dann schenke jemandem Worte von dir, eine Karte, einen Brief. Verschenke Zeit, Aufmerksamkeit, Wertschätzung und Liebe. Gib von dir, was auch immer eine deiner Gaben ist. All das ist dein Reichtum, von dem du heute etwas verschenkst. Und später dann spüre nach, wie es dir damit erging. Ob es dich glücklich und – ich bin sicher, dass es so sein wird – innerlich noch reicher machte.

Ihr weisen Frauen – habt Mut zum Strahlen

Den eigenen Ausdruck in die Welt zu bringen, ist etwas, das uns Frauen auf ganz besondere Weise begleitet. Ich habe viele kraftvolle Frauen kennengelernt, die mit sich hadern, zweifeln, sich nicht für gut genug halten. Sie trauen sich nicht hinaus mit ihrer Lebensenergie, ihrem Können. Ihnen wurde von der Kindheit an Zurückhaltung und Bescheidenheit vermittelt. Nicht laut, nicht frech, nicht dreckig, nicht frei, ungezwungen, lustvoll, und lebendig zu sein, sondern vielmehr nett und höflich, hübsch, sauber und fleißig.

Mädchen, junge Frauen, alte Frauen – alle haben eines gemeinsam: Schon früh in ihrem Leben wurde vielen von ihnen ein Korsett angelegt, das dafür sorgte, Gefühle und Lebensenergie nicht frei nach außen zu bringen. Und nun schnüren sie sich täglich selbst brav das Korsett um den Leib und um die Seele. Doch Selbstbewusstsein, Weisheit und Authentizität – all das ist eure Kraft –, und sie kann Irritationen auslösen. Wie soll man mit euch umgehen, außer verunsichert zu sein ob eurer Stärke und Klarheit? Artig, nett und hübsch sind Eigenschaften, mit denen es sich leichter umgehen lässt …

Doch ihr seid die, die ihr seid – mit all eurer Vielfalt. Kehrt zurück in euer wunderbares kraftvolles Selbstbewusstsein! Lebt eure Energie und Authentizität! Glaubt an eure Möglichkeiten, und entscheidet euch bewusst für euren eigenen Lebensentwurf!

Zu weinen, zu lachen, emphatisch zu sein, Verantwortungsgefühl zu entwickeln, sich liebevoll um andere zu kümmern – nur nicht um sich selbst –, sind weibliche Kompetenzen. Doch ihr habt eine viel größere Bandbreite: authentisch sein statt artig, eckig statt angepasst, und vor allem den Wunsch und die Fähigkeit, eure Lebendigkeit zum Ausdruck zu bringen – sei es lachen, tanzen, rennen, weinen, brüllen, kreischen, stöhnen, albern sein, sich die Haare von Wind und Regen zerzausen lassen, in der Erde wühlen, barfuß laufen, Liebe erleben, …

Sagt, was ihr denkt, und lebt, was ihr fühlt. Entwickelt ein Gespür für eure Grenzen und behauptet diese, damit niemand sich das Recht herausnimmt, sie zu überschreiten. Steht mit beiden Füßen fest auf dem Boden, damit euch nichts und niemand umstößt. Und wenn ihr fallt, steht wieder auf. Das könnt ihr gut!

Ihr seid die weisen Frauen und ihr habt eine so unglaublich weite Spannbreite an Fähigkeiten, dass der Adler, der hoch über meine Hütte hinwegzieht, winzige Flügel dagegen hat.

Habt Mut zum Licht! Mut zum Strahlen! Mut zum Auffallen! Mut zur eigenen Kraft! Mut zum Glück …

Vielleicht wird jemand sagen, dass er euch so nicht aushält, dass ihr ihm zu viel seid. Und möglicherweise wird er versuchen, euch in eurer Energie wieder zu begrenzen. Dieser Mensch tut das, weil er sich selbst als nicht genug empfindet und seinen eigenen Mangel durch eure Kraft erlebt. Gleiches zieht Gleiches an. Lebt die gesamte Bandbreite eures Seins, und lasst euer Licht erstrahlen. Dann werdet ihr auch Menschen auf eurer Augenhöhe anziehen. Oder sie mit ins Licht nehmen, wenn sie denn bereit dazu sind.

Tag 10 – **Deine Talente und Fähigkeiten**

Bist du dir bewusster geworden, worin deine Gaben, Talente, Berufungen, Lebens- und Seelenaufgaben liegen und wie du diese in der Welt ausdrückst?

Hast du durch meine Zeilen die Bestätigung gefunden, dass du genau das Richtige tust, dass du auf einem guten Weg bist – auf deinem Weg – oder diesen ab heute voller Tatendrang gehen möchtest? Fühlst du dich ermutigt, deine Talente zu leben, deine Lebensaufgabe anzunehmen, deinen Beruf zu verändern oder wertzuschätzen und deine Seelenaufgabe voller Liebe anzuerkennen?

Ich bitte dich heute, dich zu erinnern, was du als Kind mit in dieses Leben gebracht hast:

- ◊ **Wer warst du in deiner frühesten Erinnerung?**
- ◊ **Was waren deine Visionen vom Leben?**
- ◊ **Wobei, womit und an welchen Orten hast du dich am wohlsten gefühlt?**
- ◊ **Wer wolltest du sein?**
- ◊ **Was war dir vertraut?**
- ◊ **Welche Urangst und welche Urkraft hast du mitgebracht?**
- ◊ **Hattest du ein unerschütterliches Wissen über etwas, was dich keiner lehrte?**
- ◊ **Hast du etwas von all dem, was damals in dir als Funke einer Idee lebte, mit in das Erwachsenenalter übertragen?**
- ◊ **Hast du deine Urängste und Verletzungen schon geheilt?**
- ◊ **Kannst du eine Seelenaufgabe in all dem ausfindig machen?**

Schreibe alles nieder, was dir in den Sinn dazu kommt. Lasse es anschließend ein paar Tage ruhen, und lies es dir dann noch einmal durch.

Nida

Ja, ich weiß nun, wer ich bin – wusste es im Grunde schon immer. Doch ich hatte mich zwischendurch selbst verloren. Hatte mich von mir selbst entfernen lassen. Weil ich mich angepasst hatte, anstatt mir meine Ecken und Kanten zu bewahren.

Wer bestimmt über mich? Niemand außer mir! Dieses Recht gebe ich nicht mehr aus der Hand, solange ich dazu in der Lage bin. Mir selbst, meiner Seele gegenüber, habe ich eine Verantwortung. Seit ich das weiß, hat sich vieles verändert. Ich bin nicht mehr taub. Ich lausche täglich in mich hinein und finde ich das Ja in mir, weiß ich, dass alles seinen guten Weg geht. Worin sich meine Seele ausdrückt, ist nicht immer das, womit ich mein Geld verdiene. Es ist mir gelungen, meine Seelenaufgaben von diesem Anspruch zu befreien. So bleiben es wahrhaftige Seelenaufgaben, die mich erfüllen und glücklich machen. Ich arbeite, um meinen Lebensunterhalt zu bestreiten. Das habe ich anzunehmen gelernt. Doch ich widme diesem Teil nur so viel Zeit wie nötig und verstehe es als spirituelle Lebenspraxis. Meine wahren Lebensaufgaben sind losgelöst davon und tragen mich.

Ja, ich bin in mir selbst angekommen. Ich weiß, wer ich bin.

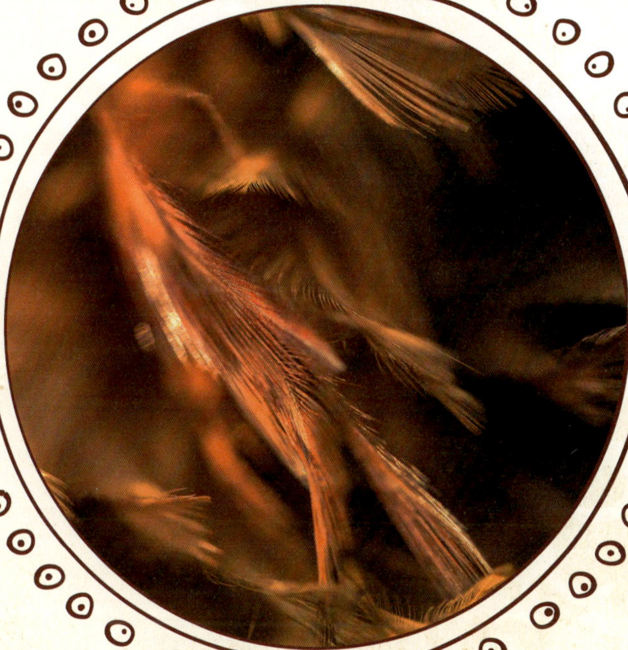

Sechste schamanische Einstimmung

Wir wandern weiter, fort von uns, hinein in
die Sphären des ALLUMFASSENDEN SEINS,
dehnen unsere Aura, unseren Geist,
bis in die Urkraft, den Beginn,
in das HERZ DER WELT.
Und je weiter wir uns ausdehnen,
desto tiefer kehren wir unmittelbar zu uns zurück,
zu dem Moment, als unsere SEELE geboren wurde
und sich mit unserem HERZEN vereinigte.
Wir sind ein Tropfen aus dem großen göttlichen Ozean –
ein FUNKE AUS DEM EWIGEN LICHT,
welches ruht in unserer Brust, in unserem Geist,
und uns verbindet für immer mit der Weltseele,
mit der WAHRHEIT um das, was ist.

Der vierte Eckstein deines Seelenfundaments

Deine Verbindung zur Schöpfung

Wo komme ich her?
Wo gehe ich hin?
Was ist Sein, Seele, Gott und Natur?

Die Suche nach diesen Antworten findet sich in den Lehren der Weisen, der Gelehrten, in der modernen Wissenschaft. Sie ließ Religionen entstehen und auch wir sind dieser Suche nachgegangen und haben unsere Erkenntnisse über die Jahre bewahrt – das Wissen der Schamaninnen und Schamanen.

Und allen Suchenden blieb am Ende die Quintessenz: Es gibt die eine allumfassende schöpferische weise, liebende Energie, die das Entstehen lenkt. Nenne es, wie du willst, den großen gütigen Geist, die bedingungslose Liebe, das Große Ganze, die Quelle allen Seins, das Urlicht, das Ewige oder Gott.

Und wir sind ein Teil davon.

Ich will dich nun in das Wissen all der Schamaninnen und Schamanen dieser Erde einweihen, sofern du bereit bist, mitzugehen, dich zu öffnen und die Botschaft in dir zuzulassen.

Wir haben die Fragen in uns. Die Suche nach der großen, uns alles erklärenden Wahrheit. Und je mehr wir darüber nachdenken, desto mehr Fragen eröffnen sich uns. Wir versuchen, es zu verstehen, zu erforschen, in Formeln zu setzen und entfernen uns dadurch im Grunde immer weiter von der Wahrheit, die wir doch längst wissen, aber nicht in Worte fassen können. Die Wahrheit liegt in der Weisheit unseres Herzens, unserer Zellen. Sie ist in dem Moment allgegenwärtig, in dem wir aufhören zu denken und in Liebe still dem Urklang lauschen.

In uns Menschen wirken drei starke Kräfte –
leider nicht immer in Harmonie:

1. **Wir sind mit einem der Erde entstammenden Körper ausgestattet, geformt aus Elementen dieser Welt, wir sind Natur – die Erdseele ist unsere große Mutter. Die Verbindung zu ihr ist in unseren Genen verankert, auch wenn viele Menschen dieser Gegebenheit keine Aufmerksamkeit mehr schenken. Wenden wir uns von der Natur ab, dann wenden wir uns von uns selbst ab, von der Quelle unserer Kraft und der Wahrung unserer Gesundheit. Die Erde nährt uns.**
2. **Wir sind kosmische Wesen. Wir haben in und um uns das Licht. Ein Funke aus dem Urlicht, ein Tropfen aus der großen ewigen Quelle – unsere Seele.**
3. **Wir haben unser Ego, unseren ständig denkenden Verstand, unser Ich, die Identität in diesem Leben.**
4. **Es ist nicht einfach für uns, diese drei kraftvollen Bestandteile unseres Seins in Balance zu halten.**

Du fragst dich, wofür du diesen Eckstein deines Seelenfundaments – deine Verbindung zur Schöpfung – brauchst, wenn du doch im Leben gut angekommen und verhaftet bist?

Nun, irgendwann im Laufe deiner Zeit hier auf Erden, je nach Lebensphase in unregelmäßigen Abständen, wirst du immer wieder diesen Fragen, dieser Seite des Seins, begegnen: Geburt, Krankheit, Tod, Liebe, Einsamkeit, Leben – die Fragen nach dem Wie, Woher, Wohin und Warum sind allgegenwärtig in deinem Dasein.

Spiritualität findest du in deiner Verbindung zur Schöpfung, zur übergeordneten Kraft und zur Natur. Sie ist deine gelebte bedingungslose Liebe und dein Mitgefühl, dein offenes Herz und dein stiller Geist – Spiritualität ist Erleuchtung. Jenseits von menschlichen Beziehungen nicht einsam zu sein, weil du verbunden bist mit der unendlichen weisen, liebenden Energie, die alles umfasst. Deine bewusste Verbindung zur Natur, zu ihren Elementen, zu den Kräften der Erde und zu dem ewigen Licht, der Lebensenergie, aus der sich alles speist – all das ist Spiritualität.

Alles ist mit allem verbunden. Wenn du dich selbst liebst, liebst du auch alles andere. Alles ist in dir, und du bist in allem. Du kannst einen einzelnen Baum lieben. Doch in diesem Baum ist der Wald, die Erde, die Erdenseele, in ihm ist Schöpfung. Im Kleinsten ruht das Große Ganze. Du bist nicht getrennt, du bist nicht allein, du bist eingebettet in der liebevollen Energie der Weltseele. Und du weißt darum.

Du kannst mir jetzt antworten, dass du glaubst, nicht spirituell zu sein, doch wenn du dich selbst aufrichtig liebst, wenn du die Natur liebst, hast du bereits eine spirituelle Verbindung. Denn du bist auf diese Weise mit dem Leben und so auch mit allem anderen verbunden.

Erde und Natur

Du bist Erde – du bist Natur. Du nährst dich aus ihr, du stärkst dein Energiefeld mit ihrer Kraft. Sie ist die Heimat deines körperlichen Seins. Kappst du die Verbindung zur Natur, zur Erde, so trennst du dich unweigerlich auch von den elementaren Kräften in dir – und wirst irgendwann krank.

Die heilende Beziehung zur Natur und zu ihren Kräften ist uns oft nicht bewusst. Doch sie findet statt. Ein längeres Verweilen im Wald stärkt dein Immunsystem nachhaltig, unsere Selbstheilungskräfte werden angeregt und unterstützt. Und auch unsere Seele findet in der Natur Heilung. Hier können wir unseren verletzten Anteilen Raum geben, indem wir sie auf behutsame Weise wahrnehmen und liebevoll zurück in unser Herz schließen. So werden wir wieder ganz – jeder Mensch auf seine Weise.

Wir alle haben unser eigenes Element, dem wir uns besonders verbunden fühlen und durch das wir auf unsere persönliche Art Heilung und sogar Gottnähe finden, ohne es vielleicht selbst so zu bezeichnen. Zu schwimmen, zu fliegen, sich durch die Lüfte zu schwingen, zu klettern, auf der Erde zu laufen, in ihr zu graben, die transformierende Kraft des Feuers zu entfachen, … all das bringt uns zu uns selbst, zu dem Kern unseres Wesens. Und auch Tiere, unsere weisen Erdengeschwister, unterstützen uns darin, wieder eine Verbindung zu unserer Seele und zu der Schöpfung zu finden.

Die Erde hat ein Bewusstsein – eine Seele.

Zweifelst du daran? Du hast eine Seele, daran zweifelst du nicht. Auch Tieren, vermute ich, gestehst du eine Seele zu. Vielleicht sogar den Bäumen und Pflanzen. Wie kannst du bei all dem Wissen noch Zweifel haben, dass gerade unsere Erde, aus der wir alle entstanden sind, eine Seele hat? Glaube mir, es gibt die Erdseele, und du kannst ihr zuhören, ihren Botschaften lauschen, sie um Antworten bitten, und du wirst Antworten erhalten.

All die Schamaninnen und Schamanen haben einen großen Teil ihres Wissens von der Erdseele. Ihr Wissen um die Kräuter, die Nahrung, die Kraft der Steine, die Verwandlungskraft des Feuers. Das Wissen über die Stürme, die kommen werden, den Regen, der ausbleibt, die Ernte, die satt wird, über das, was am Anfang der Erde in ihren jungen Kinderjahren war, und das, was einmal sein wird, wenn sie sich ihrem Ende zuneigt oder vielmehr unser Ende bestimmt. Sie hat uns geboren, sie wird unseren Körper einst wieder aufnehmen, wenn wir nichts mehr sind als der Staub, der mit dem Ende des Planeten verweht. Die Erde hat ein Bewusstsein – wie alles, was auf und in ihr zu Hause ist.

Tag 11 – Verbindung mit der Naturseele

Ich habe heute zwei Aufgaben für dich. Zum einen wirst du dich der Erde und ihren Elementen nähern – in dem Wissen, dass alles ein Bewusstsein hat. Widme dich heute einem oder mehreren Elementen. Gehe schwimmen oder am Wasser spazieren, und verbinde dich dabei bewusst mit dem Geist des Wassers. Du kannst in der Erde graben, klettern, wandern, fliegen, tue, was immer du in Verbindung mit dem Element möchtest, das dich anzieht. Versuche, mit ihm zu kommunizieren, denn du weißt, es hat ein Bewusstsein, genau wie du. Werde zur Schamanin, und lasse das Element vollständig und voller Liebe auf dich wirken. Es kann wertvolle Botschaften für dich bereithalten.

Als zweite Aufgabe möchte ich dir die Meditation zur Verbindung mit der Erdseele schenken. Sie ist sehr kraftvoll und magisch. Du wirst dich durch sie unmittelbar mit dem Geist, dem Bewusstsein der Erde und ihrer Kraft verbinden:

Setze dich draußen an einem ruhigen Ort aufrecht hin. Vielleicht auf einen großen Stein, einen Baumstamm, eine Holzbank. Deine nackten Füße sollen vollständig auf der Erde ruhen. Öffne deine Fußsohlen für die Energie der Erde, als wolltest du den Erdkern selbst berühren. Werde nun still im Geist, und öffne dein Herzzentrum, so, wie ich es dir in der Herzmeditation[2] erklärt habe.

---

2 Siehe S. 75

Wenn du auf diese Weise still und verbunden bist, sprich folgenden Satz: »Erdseele, ich trage dich in meinem Herzen, denn ich weiß, du trägst mich in deinem.« Dieser bedeutungsvolle heilige Satz kann dich zu Tränen rühren. Du wirst eine unglaubliche Liebe und Kraft spüren. Fühle, wie du den Erdball mit deinem Herzen umschließt, wie das rote Herz der Erde dich wiederum berührt und das strahlend rote Licht des Erdherzens durch deine Fußsohlen, deine Beine in deinen Körper fließt – in deine Aura.

Nun bist du mit der Erdseele verbunden. Doch nicht nur mit ihr, sondern mit allem, was auf und in ihr wächst und lebt, mit jedem Baum und jedem Tier. Du fühlst die Verwandtschaft zu allem, was die Erde gebar. Und du empfindest es mit Liebe.

Wenn du möchtest und so weit bist, kannst du nun anfangen, der Erdseele Fragen zu stellen wie welches Kraut dir hilft, wann der Regen kommt, wie der Sommer wird, was einst war und was sein wird. Doch frage die Erdseele auch, was sie von dir braucht. Du wirst überrascht sein, denn sie wird dir klare Antworten geben. Bedanke dich voller Liebe bei der Erde.

Der heilige Satz, den du gesprochen hast, verbindet dich zu jeder Zeit und überall mit der Erdseele, sobald du in dieser Meditation ein wenig geübt bist.

Nida

Ich habe dieses Verbindungsritual damals schon von Guai Yaga geschenkt bekommen und übe es seitdem fast täglich aus. Es erdet und stärkt mich, hilft mir, meine Mitte wiederzufinden. Die Kraft dieser Meditation ist zutiefst bewegend. Nicht selten bin ich erschüttert über die Botschaften der Erde. Sooft ich es auch ausübe, jedes Mal wieder berührt mich die Tatsache, wie mir die Erdseele ihr Herz darreicht, ihr Wissen und ihre Energie. Wie sie darauf wartet – auf uns alle wartet –, dass wir uns mit ihr wieder verbinden.

Ich hätte damals, bevor ich zu Guai Yaga reiste, niemals vermutet, dass man in solch einen innigen Austausch mit der Erde gehen kann, dass sie bereit ist, ihren Kindern – uns – alles zu schenken und wir ihr doch nicht einmal unsere Liebe zurückschenken. Die Verbindung zur Erde und ihrer Seele ist die wahre Weisheit der Schamaninnen – das habe ich erkannt.

Die Botschaften der Seele

Woher hast du deine Seele? Und was ist Seele?

Die Seele ist der ewige, unsterbliche Teil in uns, der durch alle Zeiten und Dimensionen wandert. Unser wahres Selbst, das um unsere Gaben, Verletzungen und um unseren höheren Plan weiß. Der reine unvergängliche Geist in und um uns, der in unserem Herzen verankt ist und von dort über unser gesamtes Wesen hinausstrahlt.

Deine Seele steht immer in Verbindung mit der Großen Quelle, aus der sie stammt und aus der sie sich nährt. Viele nehmen diese Verbindung leider oft nicht mehr wahr, obwohl sie immerzu vorhanden ist und im Verborgenen darauf wartet, erweckt zu werden. Es ist eine bewusste Entscheidung, sich mit seinem Herzen und mit seinem Geist für das Große Ganze zu öffnen und der Energie zu erlauben, im Leben wirksam zu werden. Es ist ein Synchronisieren, ein Einstimmen auf die hohe Frequenz der bedingungslosen Liebe, dem ewigen Licht, dem unendlichen Raum, der Urkraft allen Seins.

Du kannst deiner Seele im Alltag nur schwerlich lauschen. Es ist zu laut in und um dich herum. Aber du kannst deine Seele fühlen, in deinen Emotionen, Träumen, Sehnsüchten, in deiner Weisheit, deiner Freude, deiner Kraft, deinen Leidenschaften, deinen Gaben – in deiner Liebe.

In deiner Gesellschaft hat es leider keine große Bedeutsamkeit, empfindsam zu sein. Vielmehr sollst du funktionieren, ein dickes Fell haben, viele Dinge zugleich denken und können. Dort ist wenig Raum für deine Seele.

Es erfordert eine Entscheidung, aus vollem Herzen so zu leben, dass man der Seele Raum für ihre Botschaften gibt – dass man nach ihnen handelt und das eigene Dasein im Sinne seiner Seele gestaltet. Ebenso erfordert es eine Entscheidung, das nicht zu tun. Sich stattdessen vom schnellen, lauten Strom der Welt mitreißen zu lassen – abgeschottet von der feinen und weisen inneren Stimme –, bis auch diese sehr laut und deutlich werden muss – durch Krankheiten, Unfälle, Unzufriedenheit, Energieleere, Depressionen, …

Du kannst dich jeden Moment von Neuem entscheiden, deinen Empfang auf die Stimme deiner Seele zu richten. Stille, Natur und ein offenes Herz sind die sicheren Antennen, um dich auf ihre Frequenz einzustellen. Wenn du der Flut deiner Gedanken im Kopf, dem unentwegt schwatzenden Ego, kein Gehör mehr schenkst, sondern stattdessen in die Achtsamkeit gehst, kannst du deiner Seele lauschen, und etwas Großartiges, Mächtiges geschieht – du wirst eins mit allem, was ist.

Vor dir wird sich die unausgesprochene Wahrheit erheben. Sie ist einfach da. Du wirst es spüren. Du weißt, ohne es in Worte fassen zu können. Es ist auch nicht wichtig, Worte, Erklärungen für etwas zu suchen, was einfach ist. Du wirst erahnen, dass du, wenn du dich auf die Suche nach dem Göttlichen begibst – oder wie auch immer du die liebende intelligente Urkraft bezeichnest – bei dir selbst anfangen musst, in deinem Herzen.

Denke noch einmal an meine Zeilen über die Weisheit des Herzens.[3]

Gehst du bewusst in die Stille, und öffnest du dein Herzzentrum, erfährst du, woher wir kommen und wohin wir gehen: Aus der Quelle allen Seins, dem Urlicht, der bedingungslosen Liebe – der Weltseele.

So empfangen wir die Botschaften unserer Seele
und ihren Plan für dieses Leben.

Lege an dieser Stelle den Brief beiseite. Du hast genug für heute gelesen. Das zu verinnerlichen braucht Zeit, und die solltest du dir geben.

---

3 Siehe S. 71.

Tag 12 – Schamanische Reise zur Seele

Ich möchte dich nun auf eine schamanische Reise schicken. In dieser werde ich dich zur Begegnung mit deiner Seele, deinem wahren Selbst, führen. Ein lieber Mensch, dem du vertraust, kann dich statt meiner physisch zu Hause begleiten, dir diese Zeilen langsam vorlesen und behutsam deiner energetischen Reise beiwohnen.

Lege dich entspannt an einen ruhigen, geschützten, warmen Ort, an dem du ungestört in dir versinken und mit deinem Energiekörper reisen kannst. Nur einschlafen solltest du nicht.

Atme langsam dreimal sehr tief ein und aus. Bitte die Engel, dich mit einer goldenen Hülle zu umgeben, die dich während deiner Reise schützt. Visualisiere diese goldene Hülle. Achte auf deinen ruhigen, tiefen Atem, und versinke.

Die Erde öffnet sich und nimmt dich auf. Du sinkst immer tiefer in die Erde hinein, du kannst an der Wurzel eines alten Baumes entlang hinabsteigen. Tief unten kommst du in einer steinigen Höhle an. Du wanderst an den großen, felsigen Steinwänden vorbei und füllst dabei, wenn du es möchtest, deinen Körper mit den Mineralstoffen der Steine und der Erde auf.

Dann wanderst du weiter und kommst zu einem unterirdischen Wasserlauf – einem Fluss. Du steigst in den Fluss hinein und genießt sein reinigendes Wasser. Du lässt alle Sorgen, alle negativen Energien, alle Schmerzen im Wasser los und schaust zu, wie es sie fortträgt.

Nach einer Weile lässt du dich von diesem Wasserstrom mitnehmen. Du treibst – getragen vom weichen Wasser – im Strom, bis du an ein Ufer kommst. Eine weite grüne Wiese erwartet dich dort.

Du steigst aus dem Fluss und betrittst die Wiese, spürst ihr weiches Gras. Die Sonne scheint hier besonders hell, alles ist lichtvoll, strahlend und farbenfroh. Du siehst einen großen Stein, setzt dich darauf und lässt dich dort trocknen. Genieße eine Weile die Sonne, Ruhe und Wärme.

Nun sprich die Worte »Ich möchte meinem wahren Selbst, meiner Seele, begegnen.« Und warte ab. Dein wahres Selbst wird sich zeigen, in welcher Form auch immer. Nimm es so an, wie es kommt, wie es sich dir zeigt.

Stehst du nun in Kontakt mit deiner Seele, stelle ihr die Fragen, die dich bewegen – und du wirst Antworten erhalten. Die zarte Stimme deiner Seele hat endlich eine Möglichkeit, zu dir zu sprechen, und wird diese nutzen.

Lasse dich anschließend von deinem wahren Selbst über die Wiese auf einen sanft ansteigenden grünen Hügel zu einem Ort führen, wo ein Haus, eine kleine Kapelle, eine Hütte oder etwas in der Art steht.

Gehe einmal um dieses Gebäude herum, berühre es mit deinen Fingern, nimm es vollständig wahr. Dann tritt ein. Dein wahres Selbst wird den Eingang behüten.

Du betrittst einen großen Raum. Schaue dich in Ruhe um, du wirst Gegenstände finden, die dort für dich bereitgelegt wurden. Diese Dinge sind Hinweise zu deinen Gaben und zu deinen Lebensaufgaben. Betrachte die Gegenstände, und dann nimm sie an dich. Sie gehören dir. Bedanke dich, und verlasse das Haus wieder. Dein wahres Selbst hat auf dich gewartet. Zeige ihm die Gegenstände, und frage, was sie dir, deiner Seele bedeuten. Vernimm ihre Botschaft.

Nun wird es Zeit zurückzureisen. Lasse dich von deinem wahren Selbst sicher zurück zum Fluss begleiten. Verabschiede dich voller Liebe und Dankbarkeit von ihm. Nimm die Schätze, die du bekamst, in dein Herz auf, als würdest du sie dort gut verwahren. Steige dann wieder in das Wasser, und lasse dich mit dem Strom zurück zu der steinigen Höhle treiben.

Schreite wieder an den großen Steinen vorbei zu der offenen Erdschicht, an der Baumwurzel entlang nach oben, zurück in deinen Körper. Kehre vollständig, mit all deiner Energie, in deinen Körper zurück. Lasse dir mit dem Ankommen so viel Zeit, wie du brauchst.

Kreuze dann deine Arme vor der Brust. Das erdet dich und bringt dich restlos zurück ins Hier und Jetzt.

Nun bist du also deinem wahren Selbst begegnet. Du hast Geschenke erhalten, die dir etwas über dich und deine Gaben, Talente und Lebensaufgaben verraten. Suche dir in der realen Welt Gegenstände, die denen aus deiner Reise entsprechen. Verwahre diese an einem Ort, an dem sie täglich für dich sichtbar und gegenwärtig sind. Vielleicht kennst du sie schon und weißt bereits, was sie dir bedeuten. Doch vielleicht kannst du sie auch noch nicht so recht deuten. Mit der Zeit wirst du genau wissen, was es damit auf sich hat.

Stille und Gegenwärtigkeit statt Ego

Die Kraft deines Seins
offenbart dir in der Stille die Wahrheit.
Mit der Rückkehr ins Egobewusstsein
kehren auch die Zweifel zurück.

In der schamanischen Reise bist du deiner Seele begegnet, und ich wünsche dir von Herzen, dass du tiefe Erkenntnisse für dein derzeitiges Leben gewinnen konntest. Es gibt noch andere Möglichkeiten, um die Energie deiner Seele zu spüren:

» *durch die Dinge, die du von Herzen gerne tust,*
» *durch das achtsame Tun deiner Gaben und Talente,*
» *durch deine Leidenschaften,*
» *durch die Verbindung zur Natur und ihren Elementen,*

- *durch die aufrichtige Liebe (zu Menschen, zu Tieren, zur Natur, zur Schöpfung – zur Weltseele),*
- *durch schamanische Reisen und Träume,*
- *durch das bewusste Öffnen des Herzens und durch das achtsame Spüren,*
- *durch Meditation und Öffnung des Geistes – frei von ablenkenden Gedanken – und*
- *durch Stille und Gegenwärtigkeit.*

Gegenwärtigkeit bedeutet, ganz im Hier und Jetzt zu sein. Die Vergangenheit ist gewesen und die Zukunft noch nicht präsent. Du gibst dich vollständig, mit all deinen Sinnen dem Moment hin, deinem Tun oder auch Nichtstun. Du bringst deine Gedanken zur Ruhe, bzw. du identifizierst dich nicht mit jenen Gedanken, die sich mit gestern oder mit morgen beschäftigen, denn du bist nicht deine Gedanken! Du bist nicht dein Verstand! Du bist viel mehr, viel größer. Dein Verstand ist klein dagegen – nur ein Werkzeug, das du wann du willst nutzen kannst, um etwas Bestimmtes zu tun, zu entwickeln oder zu verstehen.

Leider ist es nicht so, dass wir unseren Verstand benutzen, wenn wir ihn brauchen, sondern er benutzt uns – und zwar die ganze Zeit über, wenn wir wach sind. Er befindet sich außerhalb unserer Kontrolle, wenn wir ihm nicht Einhalt gebieten. Er will denken, auch wenn wir es nicht wollen. Er kann sich manchmal wie in einer Endlosschleife um immer dieselben Gedanken drehen – und schafft damit gedankliche Auswüchse, die der eigentlichen Sache längst nicht mehr entsprechen. Er schafft Probleme, wo keine sind, verfolgt eine kleine Äußerung, bis sie zu einer großen Verletzung wird. Du denkst an gleich, an später, an morgen, an nächste Woche, an die Zukunft, an eben, an gestern, an letzte Woche – nur die Gegenwart erlebst du nicht, und das, obwohl du vielleicht gegenwärtig mit etwas Schönem beschäftigt bist, etwas, dem du dich durch die heillose Gedankenflut nicht vollständig hingeben und es so nicht genießen kannst.

Nur in der Gegenwärtigkeit entfaltet sich die ganze Schönheit des Moments.

Der Verstand nährt auch dein Ego. Dieses nimmt seine Existenz über das Denken wahr: »Bin ich gut? Bin ich schön? Was soll ich tun, um mehr Erfolg zu haben? Was hat er gestern gesagt? War das verletzend? Ja, das war es! Hat er dasselbe nicht schon vor drei Wochen gesagt, nur um mir weh zu tun?« So fliehst du mit deinen Gedanken sonst wohin, während du etwas völlig anderes oder auch gar nichts tust.

Manchmal bist du dir vielleicht nicht einmal bewusst, was du gerade tust oder soeben getan hast – so sehr warst du in Gedanken. Doch wenn du deine Gedanken nicht im Zaum hältst, denkst du den ganzen Tag. Du denkst über gestern und über morgen nach, doch nur selten nutzt du das Denken für das, was du wirklich gerade tust. Denn würdest du über deinen derzeitigen Moment nachdenken, wärst du gegenwärtig und achtsam – und deine Tätigkeit seelenvoll.

Es mag dir seltsam erscheinen, aber die Wahrheit ist, wenn wir nur sitzen und nichts tun und auch nichts tun wollen, nicht über etwas Bestimmtes nachsinnen wollen, brauchen wir auch nichts zu denken. Einfach innehalten und nichts weiter. Den Kopf befreien, weit öffnen, leeren, still werden, spüren, lauschen, lächeln und – du bist einfach, du bist gegenwärtig, du bist einer Erleuchtung nahe.

Probiere es jetzt einmal aus:
Aufschauen – innehalten – lauschen – spüren – atmen – nichts denken, weil du für einen Augenblick, ein paar Atemzüge lang, auch nichts tust.

Hast du den Frieden in dir gespürt? Du warst achtsam und gegenwärtig. Ist dir ein Lächeln über die Lippen gehuscht, weil es ein schönes, ein großes Gefühl, vielleicht sogar ein erhebender Zustand war? Erinnerst du dich noch an die Achtsamkeitsübung?[4] Einatmen, lächeln, nichts denken – Liebe und Frieden spüren. Das ist Verbindung mit dem Sein, mit deiner Seele, mit allem, was ist. Du brauchst nichts weiter außer dich selbst, deinen ruhigen, klaren Geist, dein offenes Herz, deine Achtsamkeit und Gegenwärtigkeit, deinen fließenden Atem.

Gegenwärtigkeit bedeutet auch das heilsame Annehmen und Akzeptieren der jetzigen Situation und deines eigenen Soseins mit einem Ja zum Leben.

Dein Ego jedoch, dein kleines Selbst, der große Widersacher deines höheren, wahren Selbst, drängt sich wie ein vorlautes Kind immer wieder schwatzend in den Vordergrund deiner Wahrnehmung und vereitelt auf diese Weise deinen Zustand der höheren Bewusstheit. Du willst deine Seele spüren, doch stattdessen denkst du darüber nach, wie du sie spüren

4 Siehe S. 60.

kannst. Du willst dich verbunden fühlen, doch du schweifst ab, denkst, wertest. Das Ego ist im Gegensatz zu deinem wahren Sein winzig, und dennoch bestimmt es dein Denken und somit dein Handeln – dein Leben.

Du denkst möglicherweise gerade, dass wir doch nun mal auch Ego sind. Wer sonst sollten wir in dieser Welt sein? Doch das ist nicht ganz richtig. Dein Ego ist deine Identität in dieser Gesellschaft. Dein Name und all das, was du und vor allem andere mit diesem Namen, mit dir verbinden, von dir halten und glauben sollen, ob es nun stimmt oder nicht. Alle sind voll von Illusionen über sich und andere. Doch was bleibt wirklich bestehen, wenn dir alles Oberflächliche genommen wird, alles, was dein Ego und seinen Außenwert nährt und womit es sich identifiziert? Kein Besitz, keine Taten, an denen du gemessen wirst, keine Bedeutung deiner Schönheit, am Ende sogar kein Name mehr, den es gilt, mit Großartigem zu füllen. Was bleibt?

Dein reines Selbst.

Sicher, wir brauchen unsere Identität zur Abgrenzung von anderen. Doch es geht nicht darum, sich mit seinem Ego aufzuplustern, sondern nur darum, das eigene Selbst durch reine, authentische Energie zum Strahlen zu bringen. Und um das, was wir der Welt von unserer wunderbaren Kraft geben und wie wir damit unseren Teil dazu beitragen, dass es anderen ebenfalls gut ergeht. Durch einen aufrichtigen Anteil an Liebe, Schutz, Nähe, Führung und Energie.

Du bist nicht nur dein Ego, es ist nur ein Teil von dir. Und zwar einer, dem gelegentlich Einhalt geboten werden muss. Das Ego hat Angst. Es hat Angst, nicht genug zu kriegen, nicht genug zu sein. Es befindet sich gedanklich in der Vergangenheit oder in der Zukunft, gerne auch in Sorge, doch selten im Hier und Jetzt. Es ist natürlich auch ein großer Antrieb im Leben für unsere Wirkung nach außen und unseren Vergleich mit anderen.

Nicht vom Ego geleitet zu sein, bedeutet, das Leben aus
dem Antrieb der Seele und der Liebe zu meistern,
mit Leidenschaft und Hingabe und Erfüllung am Tun,
ohne den eigenen Wert dadurch erhöhen zu wollen.
Weil man um seine innere Größe weiß.
Weil man keinen Mangel in sich spürt, den es gilt,
durch Herabsetzung anderer zu nähren.
Weil man keinen konkurrierenden Vergleich
mehr braucht.

Das Ego denkt. Doch wenn du aufhörst zu denken, nicht mehr über dich selbst nachdenkst, darüber, wer du bist, was du morgen tun möchtest oder gestern tatest – wer bist du dann? Pures Sein – Seele. Du befindest dich nicht mehr in der Identifikation mit deiner Identität, du bist nicht mehr dein Ego. *Im Zustand des Nichtdenkens tritt das Ego in den Hintergrund – und du bist nur noch reines Sein.*

Tag 13 – Den Urklang des Universums wahrnehmen

Deine Aufgabe an diesem Tag führt dich zu einer kraftvollen Verbindung mit allem, was ist, mit der Schöpfung, mit dem Kosmos, mit dir selbst. So erlangen wir Schamaninnen die Botschaften – indem wir uns selbst, unser Ego, vollständig zurücknehmen und lauschen, zuhören, was uns der Urklang der Welt zu sagen hat.

Suche dir einen ruhigen Platz, an dem du ungestört bist. Setze dich aufrecht hin und halte inne. Öffne deinen Kopf, deinen Geist, dein Herz – all das hast du bereits in diesem Brief gelernt. Gehe ins Nichtdenken, in die Stille, indem du anfängst zu lauschen, als würdest du auf etwas warten. Richte deine Wahrnehmung gleichzeitig auf deinen gesamten Körper, auf deine Umgebung. Lausche und spüre zugleich. Als wolltest einen Ton wahrnehmen: den Urklang des Universums …

Wenn es dir schwerfiel, versuche es einmal mit geschlossenen Augen. Starre in die Dunkelheit wie auf eine Wand, auf der du den nächsten Gedanken hingeschrieben erwartest – und der Gedanke wird nicht kommen. Denn wenn du ihn bewusst erwartest, wird er nicht erscheinen.

Lausche ohne zu denken, als würdest du auf etwas warten. Nimm alles gleichzeitig wahr, Körper und Raum. Lauschen und spüren zugleich – den Ton wahrnehmen – den Urklang des Universums – Liebe einatmen, und das Herz bewusst öffnen.

Ist es dir gelungen, für eine kurze Zeit einfach nur zu sein? War es ein erhebendes Gefühl, dir deiner wahren Größe, deines reinen Selbst bewusst zu sein? Solche Momente bringen dich zurück zu deiner Ursprünglichkeit. In dieser Stille kannst du die Botschaften deiner Seele empfangen, deiner Ahnen, der Engel, der Erde, …

Du hast durch die letzte Aufgabe, die ich dir gab, die Freiheit erlebt, Glück und Verbundenheit zu empfinden, allein durch dich selbst – durch deinen leeren, weiten Geist und dein geöffnetes Herz.

Wir binden unser Glück und unsere Zufriedenheit an die Dinge, die uns umgeben, die wir erleben, die wir tun oder die uns getan werden – gesund zu sein, einen Menschen zu kennen, den wir lieben und der uns ebenso liebt, die eigene Berufung zu leben und sich in der Welt auszudrücken, die Energie der Natur zu erfahren, die Freiheit eines Spaziergangs am Meer zu genießen, …

Doch wenn all das weg ist, wenn du nichts mehr hast – keine Zukunft, keine Freiheit – und das eigene Dasein kurz vor dem Ende steht: Wo soll dann noch Glück sein? Nur in dir. In deinem Geist, in deinem Herzen und in der Verbindung zur Quelle, aus der deine Seele stammt und zu der sie irgendwann zurückfließen will.

Der körperlichen Freiheit beraubt, kannst du dir Freiheit nur noch im Geiste bewahren. Durch Meditation, durch völliges Annehmen des Jetzt. Durch das In-Verbindung-Treten, um somit die Freiheit zu empfinden, die im Geiste durch die Überwindung der Trennung unauslöschlich ruht. Glück ist in dir. In deinem Geist. In deinem Herzen.

*Warum brauchen wir Spiritualität,
die Verbindung zur Schöpfung?
Weil es das Letzte ist, das uns bleibt, wenn
wir rein gar nichts mehr haben.*

Herzensworte

Wir erschaffen unsere Welt. Wir erschaffen uns selbst – täglich neu und anders. Wenn wir den Tag morgens beginnen, stellen wir uns vom ersten Moment an auf die Frequenz einer Energie ein, die uns bestimmt.

Vielleicht haben wir schlecht geschlafen, oder wir erinnern uns nach dem Erwachen an den Ärger des Vortages, und schon sind wir wieder verstimmt. Wir gehen in Resonanz mit den düsteren Gedanken. Das ist keine gute Voraussetzung für den Tag und für eine bejahende Einstellung gegenüber unserem Dasein. Doch weckt dich ein herrlicher Sonnenaufgang, ein liebevoller Mensch oder die Erinnerung an einen wunderschönen Abend zuvor, wirst du lächelnd in den Tag starten. In dieser lichtvollen Energie kannst du Großartiges bewirken.

Was ich damit sagen will ist: Deine Gedanken bestimmen deine Energieausstrahlung. Sie bestimmen auch deine Worte, und diese wiederum bewirken dein Handeln. So erschaffst du deine Welt – an deren Anfang der Gedanke steht.

Und jeden Tag denkst du unendlich viele Gedanken, die deine Energie beeinflussen – du sorgst dich, ärgerst dich, magst manches nicht, zweifelst, misstraust, wertest, vermutest das Schlimmste. Dem gegenüber stehen deine guten, lichtvollen, liebevollen, wertschätzenden, mitfühlenden, kreativen, unbeschwerten, fröhlichen und starken Gedanken. Sind sie in der deutlichen Überzahl zu deinen düsteren Gedanken? Sind sie es, die dein Leben erschaffen?

Du hast es in der Hand. Die Gedanken sind dein Werkzeug, und so kannst du sie auch nutzen, um Gutes für dich und für andere damit zu erschaffen. Kein Werkzeug sollte außer Kontrolle geraten und dir am Ende damit schaden. Versuche, deine Gedanken weitestgehend von Mangel, Abneigung gegen dich selbst, Verlust deiner Gesundheit, deiner Liebe, deiner Arbeit fernzuhalten.

Dein Geist ist mehr als nur der Ursprung deiner Gedanken, weitaus mehr als geistige Bildung im Sinne von Intellekt. Er ist ein Mysterium, das wir ähnlich wie das Herz noch lange nicht in seiner Gänze erfasst haben. In unserer Welt ist geistiges Heilen existent, geistige Kraft, die Dinge bewegen kann, Gedankenübertragung, kraftvolle Intentionen und vieles mehr.

Ich werde oft gefragt, was der Unterschied zwischen Geist und Seele ist. In der deutschen Sprache wird das unterschieden, in vielen anderen Sprachen nicht. »Spirit« ist ein Wort, das »Geist« und »Seele« vereint. Auch ich würde

Geist und Seele nicht voneinander trennen. Für mich ist Geist ein Teil der Seele oder besser: eine Essenz. Denn was von uns geht in Verbindung mit einer größeren Kraft, mit dem alles verbindenden Energiefeld oder mit der bedingungslosen Liebe? Unser Geist oder unser Herz?

Unsere Seele, die beides in sich vereint.

Dein Drittes Auge, die Zirbeldrüse mittig im Kopf, ist ein ähnlich mächtiges Kraftzentrum wie das Herz. Beide wirken stark auf den Körper, die Seele und auf die spirituelle Ebene ein, sie ermöglichen die Verbindung mit dem Großen Ganzen.

Für mich gehören diese beiden Zentren immer zusammen. Den Geist ohne das Herz zu öffnen, ist nur halbe Kraft. Doch Geist und Herz zu öffnen, auf ruhigen, stillen Empfang zu stellen und dabei im Zustand der bedingungslosen Liebe zu verweilen, kann Großes bewirken.

Die Kraft des Geistes entfaltet sich in der gedankenleeren Stille und im Zurücknehmen des Egos: Beiseitetreten, sich öffnen und geschehen lassen, je nachdem, auf welche Frequenz man seinen Geist ausrichtet, auf kosmische Heilkräfte, die wir weiterleiten wollen, zur Quelle von Inspiration, weil wir künstlerisch tätig sind, zu Eingebungen, die zu Erfindungen werden, zu medialen Wahrnehmungen.

Im Grunde ist es, als würden all diese Energien aus der Erde und aus dem Kosmos ihre Informationen für uns alle wahrnehmbar senden. Wir müssen nur still und achtsam werden, uns öffnen und unsere feinen Antennen darauf ausrichten – wir müssen zuhören.

Die beiden Kraftzentren Herz und Geist
in stiller offener Konzentration in Verbindung mit
der allumfassenden Energie
erschaffen mit unseren Gedanken und
dem gesprochenen Wort unser Äußeres –
unser Leben.

Die Energie des Wortes ist stark. Manche Heilerinnen und Heiler verstehen sich auf die Kunst der heilenden Worte. Selbstsuggestion kann dich von Krankheiten und seelischen Leiden befreien. Die Kraft des ausgesprochenen Wortes ist eine Steigerung deines Gedankens. Denn ein Gedanke ist wie dein Geheimnis – doch ihn auszusprechen, erfüllt ihn mit zusätzlicher Kraft. Er wird zum Wort, das im Raum steht und seine Wirkung entfaltet. Es kann nicht mehr zurückgenommen werden. Überschrieben, übersprochen vielleicht mit anderen Worten. Doch die Energie bleibt bestehen.

Und so wiederum werden ausgesprochene Gedanken, Worte, die deinem Herzen entspringen, zu den kraftvollsten von allen. Du kannst »Ich liebe dich« nicht nur aus dem Kopf heraus sagen, dann ist es bedeutungslos, leer. Du fühlst es im Herzen, lange bevor sich deine Worte ihren Weg bahnen und ausgesprochen werden.

Gedanken, Sätze, die ihren Ursprung im Herzen haben, heilen.

Fürbitte ist die stärkste Form der geistigen und seelischen Ausrichtung auf ein Ziel, dass jemandem zum Besten gereicht. Es geht darum, Fürbitte für dich selbst zu halten, für die Welt oder einen lieben Menschen, im stillen

Gedanken oder im ausgesprochenen Wort. Dein Herz dem Großen Ganzen darzureichen und darauf zu vertrauen, dass das Beste geschieht – wie auch immer dieses am Ende aussehen mag. Öffnest du dein Herz, deinen Geist, deine Seele und gehst du dadurch in Verbindung mit der ewigen alles miteinander verbindenden intelligenten, liebenden Kraft, so benutze deine Gedanken und deine Worte, um Gutes bewirken zu lassen und zu manifestieren. Es ist das kraftvollste Geschenk, das uns Menschen gegeben wurde.

Warum ich dir das schreibe? Damit du weißt, dass du jetzt oder jederzeit damit beginnen kannst, dir dein Glück, dein Sein zu erfühlen, zu erdenken, in Worte zu fassen und zu leben.

Nicht zweifeln, sondern vertrauen – wissen, dass dein Spirit Berge versetzten kann.

Selbstvergebung – die Schattenanteile heilen

Nun habe ich dir das Fundament der Seele nähergebracht. Dir den Weg zur Kraft und zum Glück gewiesen. Doch bevor ich den Brief schließe, will ich dir eines nicht vorenthalten: Wir können auf einem guten Weg sein, können uns unser selbst bewusst sein, dem Herzen folgen, der Seele lauschen und ihr Ausdruck verleihen. Aufrichtige Beziehungen leben und das Glück täglich in den unterschiedlichsten Formen wahrnehmen, pflegen und genießen. Den Moment mit einem lächelnden Atemzug leben und voller Freude unseren inneren Reichtum dankbar spüren. Doch treu begleiten uns immer unsere Schatten. Sie gehören zu uns. Wenn unser Licht in Sekundenschnelle zur Dunkelheit wechselt, unsere Schatten über unser eben noch so groß-

artiges, lichtvolles Selbst hinüberhuschen, dann wissen wir: Es gibt immer noch etwas zu lernen – und fühlen wir uns auch noch so weit in unserem Bewusstsein entwickelt.

Mit den von uns nicht so sehr geschätzten und geliebten Anteilen ins Reine zu kommen, um sie letztendlich bestenfalls zu heilen, das ist einer der letzten Schritte auf der Reise zur Kraft und zum Glück. Wir wissen, dass wir Seiten an uns haben, die dafür empfänglich sind, dass wir uns auch durch Nichtigkeiten schnell verletzt fühlen. Dass wir besser sein wollen als andere, bockig reagieren können, hartherzig werden, nichts mehr fühlen, zynisch sind, gemein, aggressiv, neidisch, abwertend, maßlos, sogar grausam sein können. Es können winzige Anteile in dir sein, die glücklicherweise nur selten geweckt werden oder auch schwere Schatten, derer du nur mit Mühe Herrin wirst. Doch wie auch immer sie sein mögen, sie gehören zu dir, so wie auch andere Menschen ihre Schatten haben.

Vollkommen zu sein, ist vielleicht ein Ziel, doch je mehr wir danach streben, desto deutlicher drängen sich unsere Schattenseiten ins Licht – um endlich geheilt zu werden. Jene Seiten, die wir selbst und andere schon verletzend zu spüren bekommen haben. Seiten, die uns daran hinderten, gütig zu sein, weise über den Dingen zu stehen und nicht mit düsterer Energie in Resonanz zu gehen.

Was auch immer deine oder meine Schattenseiten sein mögen, sie alle haben eines gemeinsam: Sie wurden aus dem Mangel geboren, den wir einst erlitten haben. Wann immer unser Mangelempfinden im Jetzt angestoßen und dadurch präsent wird, können wir sicher sein, dass wir uns vollends im Ego befinden. In unserem kleinen, verängstigten Ich, das nicht genug bekommen hat und nicht genug geliebt wurde.

Doch wie kannst du deine Schatten zur Heilung ins Licht holen? Durch die Bewusstwerdung und Wahrnehmung, dass du, wann immer du so reagierst oder handelst, soeben von deiner wahren Größe ins Ego geschrumpft bist, das gewillt ist, den Mangel und den Schmerz in dir zu stillen, ohne es jedoch wirklich zu können. Das Ego kann deine Wunden nicht heilen, es hat nicht die Kraft, nicht die Fähigkeit dazu. Heilung erfahren deine Schatten nur dadurch, dass du dir ihrer bewusst bist, in dem Moment, in dem sie da sind. Und dann liebevoll dein kleines Selbst, das seine Gründe dafür hat, so zu sein und so zu reagieren, annimmst. Denn es gab mal eine Zeit in deinem Leben, da hattest du keine andere Wahl, als den Mangel irgendwie zu ertragen und damit zu überleben. Heute, da du erwachsen bist und für dich selbst sorgen kannst, willst du endlich einfach nur satt werden. Doch das Ego wird nie satt. Nur mit deinem gesamten wahren großen Selbst kannst du dich zufrieden und erfüllt fühlen.

Wenn du also in solch eine Situation geraten bist, deinen Schatten wahrgenommen und liebevoll angenommen hast, musst du dir im nächsten Schritt die wahrhaftige Frage stellen, ob du gewillt bist, nun im Ego zu verbleiben. Willst du es dir in deiner Wut, deinem Selbstmitleid, der Engherzigkeit, dem Neid oder dem Konkurrenzempfinden wirklich bequem einrichten und damit die ungute, für alle leidvolle Situation aufrechterhalten? Oder bist du entschlossen auszusteigen, über deinen Schatten zu springen, diesem zu entwachsen und zu deiner wahren Größe zu finden?

Dies ist der schwierigste Schritt. Denn das Ego möchte ungern sein Gesicht verlieren. Eigentlich möchtest du, dass dein Gegenüber den ersten Schritt tut, der Mensch, der deinen Schatten deiner Meinung nach mit seinem Verhalten heraufbeschwor. Doch sehr wahrscheinlich steckt dieser Mensch gleichwohl in seinem Ego fest. Oder er weiß gar nichts von der Situation, in der er sich mit dir befindet.

Aber du weißt um dein wahres Ich und um deine Fähigkeit, den düsteren Seiten in dir endlich zu entwachsen – indem du dein Ego und dein verletzliches Kind an die Hand nimmst, ihnen Grenzen setzt, um dann wieder in dein kraftvolles, großes Selbst zurückzukehren, das einzig in der Lage ist, deine Schatten zu heilen. Und wie du sie heilst, das weißt du bereits …

… dein Herz öffnen, lächeln, Liebe einatmen und damit die düsteren Wolken, die deinen Kopf verdunkeln, zur Seite schieben. Ein freundliches Wort, ein Lächeln, ein gelöster Blick, ein Eingeständnis, eine Entschuldigung, eine Geste, eine Berührung, Ho'oponopono …

Für die Heilung deiner Schattenanteile,
für das Ungenährte, Ungesättigte in dir, für all das,
was du nicht an dir liebst, nicht haben und
nicht sehen willst, aber das nun einmal da ist,
trägst du die Verantwortung:
zu verzeihen, es anzunehmen und zu lieben.
Nur so können die Schattenanteile geheilt werden –
damit sie nicht länger am Fundament
deiner Seele kratzen.

Und hierfür habe ich nun eine letzte Aufgabe für dich: **Worte der Heilung.**

Tag 14 – Worte der Heilung

Wann immer du das Gefühl hast, durch jemanden den Punkt erreicht zu haben, an dem sich dir deine Verletzungen offenbaren, kannst du diese Worte für dich sprechen, um die Schwere, die damit einherging, zu lösen. Sieh es als eine Möglichkeit des inneren Wachstums.

Es tut mir leid.
Ich sehe und liebe meine verletzlichen Anteile,
die damals im Mangel geboren wurden und sich mir gerade
wieder offenbaren. Sie sind noch da, noch nicht geheilt.
So nehme ich sie jetzt liebend in mein offenes Herz.
Heute bin ich in jedem Sinne groß genug, um diese Anteile
in mir an die Hand zu nehmen.
Ich verzeihe mir, dass ich so reagiere.
Bitte verzeihe mir.
Ich liebe dich. Und ich liebe mich mit all
meinen Schattenanteilen.
Ich liebe die verletzlichen, nicht genährten Seiten in mir,
für die ich heute mit meinem wahren, lichtvollen Selbst – mit
meinem Herzen – Verantwortung übernehme.
Wann immer die Schatten kommen, nehme ich es als
Möglichkeit zur Heilung, zum Wachsen.

DANKE.

Siebte schamanische Einstimmung

Wir schweben mit unserer Erde
im liebenden Bauch des Ewigen,
gleich einer Zelle in uns.
Und wir wissen,
eine JEDE WEISE FRAU hier ist wichtig,
hat ihren Platz und ihre BEDEUTUNG.
Gehen wir in Verbindung mit der liebenden
WELTSEELE,
mit dem, was ist, was war und was sein wird,
finden wir Gehör in ihrer Weisheit,
finden wir ihre Liebe für uns und ihre Kraft.
Bitte erfülle mein Herz mit deiner LIEBE,
meinen Geist mit WEISHEIT,
meinen Körper mit deiner HEILKRAFT.
Möge mein Denken und Handeln erfüllt sein
von bedingungsloser Liebe,
auf dass sie mich durchs Leben trägt.
Ich bitte darum, dass das Beste für mich
und all meine Liebsten geschehen möge
und vertraue deiner Weisheit.
Frieden, Licht und Liebe in die HERZEN ALLER MENSCHEN.
Frieden, Licht und Liebe für die Erde und alles, was auf
und in ihr lebt.
DANKE

Meine letzten Zeilen an dich

Wenn du nun immer stärker in deiner Kraft angekommen bist, wenn du weißt, welche Größe dein wahres Selbst hat und was dein Herz, deine Liebe, auszurichten vermag, dann bin ich voller Glück und Zuversicht.

Ich vertraue darauf, dass es mit dir und all den anderen weisen Frauen, die sich auf den Weg begeben, einen guten Fortgang mit unserem Planeten nimmt. Dass sich alles zum Besseren wenden wird und die Schatten der Erde, die dunklen Wolken der Gleichgültigkeit, erleuchtet werden – durch das Licht eurer Herzen, durch die Weisheit der Frauen, so, wie es vor Jahrtausenden schon einmal war.

Wir wissen nicht, was geschehen wird. Alles ist möglich. Oder wissen wir vielleicht doch, was geschehen wird – weil wir die Schöpferinnen und Schöpfer unseres Daseins sind?

Die gemeinsame Wanderung liegt nun hinter uns. Aber wir sind noch nicht ganz am Ende. Du fragst dich vielleicht, wie es nun weitergehen soll? Es erfordert wahrscheinlich viel Zeit und Energie, bis sich alle vier Ecksteine deines Fundaments entwickelt haben. Doch Zeit ist das, wovon im Leben genug da ist, sofern sie nicht mit Dingen vergeudet wird, die uns nicht guttun.

Jeder Moment bringt Veränderung. Jeder Augenblick ist ein guter Anfang: einatmen – lächeln – innehalten, sich den Botschaften der Seele öffnen, den Menschen, der allumfassenden Energie, dem Leben, das nur deines ist. Die Kraft zur Veränderung ruht allein in dir. Du weißt um deine persönliche Wahrheit. Und du hast eine Vision von deinem *Seelenweg*, da bin ich mir sehr sicher. Und so wünsche ich dir von Herzen, dass deine Kraft, dein Fundament der Seele dich voller Glück durch dieses Leben trägt.

Möge die Erde dich schützen und das Licht des Himmels dich auf deinem Weg begleiten.

Die Geliebte der Erde,
Guai Yaga

Tag 15 – Das Fundament wird errichtet

Meine letzte Aufgabe für dich:

Nun nimm deine Werkzeuge.
Suche die vier Himmelsrichtungen,
und baue dir dein Fundament
für deinen Tempel der Seele.
Ebne, pflastere, bereite deinen Weg zu Kraft und Glück,
groß, breit, quer, auf dass er nie wieder zuwachse,
auf dass ihn jeder sehe, der ein Stück mit dir wandert.
Zeige dein Licht, deine Größe, dein wahres Selbst.
Liebe, lache, tanze, gehe los –
und lebe!

Nida

Guai Yaga sagte einmal zu mir: »Die Wahrheit über dich, über die Kraft deines Seins, spricht in der Stille zu dir und offenbart sich. Doch mit der Rückkehr ins Egobewusstsein kehren auch die Zweifel zurück.«

Wir verstehen die Botschaften nicht so, wie *sie* sind, wir verstehen die Botschaften so, wie *wir* sind, jetzt, zu diesem Zeitpunkt. Und so weiß ich, dass ich diesen Brief wohl noch oft zur Hand nehme werde, immer wieder in meinem Leben, weil ich einst nicht mehr die sein werde, die ich heute bin – aber auch noch lange nicht dort angekommen bin, wo ich irgendwann sein möchte. Mein Weg geht immer weiter, und ich liebe es, ihn zu gehen …

Über die Autorin

Ina Ruschinski

ist seit frühester Kindheit fasziniert von Pferden. Nach ihrer pädagogischen Ausbildung verband sie ihre Leidenschaft für die Tiere mit ihrem Beruf: 23 Jahre arbeitete sie in einer sozialen Einrichtung in Oldenburg als Reitpädagogin und unterstützte Kinder und Jugendliche mithilfe von Pferden dabei, in ihrer Persönlichkeitsentwicklung voranzuschreiten. Zudem ist sie (Western-)Reitlehrerin für das »Reiten als Spiegel des Herzens«, Reikimeisterin und Autorin mehrerer Bücher für Kinder und Erwachsene. Ihr Roman »Seelenwege – Die magische Reise einer Frau zu sich selbst« ist ein Bestseller des Schirner Verlages.

www.ina-ruschinski.de

Begleiten Sie eine Frau auf ihrer faszinierenden Reise zu sich selbst

Ina Ruschinski
Seelenwege
Die magische Reise
einer Frau zu sich selbst
192 Seiten
ISBN 978-3-8434-1413-5

»Ich habe einen festen Entschluss gefasst, gleich heute Morgen nach dem Aufwachen: Ab jetzt werde ich nur noch den Weg gehen, der wirklich der meine ist. Ich werde sein, wer ich bin. Weder Menschen noch äußere Umstände sollen mich von nun an daran hindern! Nur, wer ich bin, das muss ich noch herausfinden. Bisher glaubte ich immer, es zu wissen. Doch seit jenem Tag ist alles infrage gestellt. Und seit ich hier bin erst recht. Nichts ist mehr in Ordnung. Es ist, als hätte mich ein Sturm mitgerissen, durchgeschüttelt und kurzfristig zu Boden geworfen. Nun stehe ich da, in meinem persönlichen Chaos, und muss mein Leben neu aufbauen, wie ein Haus, Stein für Stein. Nein, eigentlich muss ich nicht, aber ich will. Und ich spüre deutlich: Ich will wirklich!

Wer bin ich? Was ist meine Aufgabe in diesem Leben? Was ist meine Gabe, die mir dabei hilft, diese Aufgabe zu erfüllen? Guai Yaga hat heute Morgen zu mir gesagt: »An diesem Tag sollst du deinem wahren Ich näherkommen. Du sollst in dich hineinschauen, um dich daran zu erinnern, wann und wodurch du vergessen hast, wer du bist. Jede Seele hat ihre Lebensaufgaben. Eine persönliche und eine spirituelle. Die große spirituelle Aufgabe begleitet dich durch alle Leben, und die persönliche hast du noch in diesem Leben zu erfüllen.

»Wie soll ich herausfinden, was meine Aufgabe ist?«, habe ich gefragt. Daraufhin sagte die Schamanin nur: »Du kennst deine Aufgabe für dieses Leben, seit du ein kleines Mädchen warst. In den ersten sieben Lebensjahren ist die Erinnerung an vergangene Leben und die dazugehörigen Gaben, Abneigungen und Ängste noch stark vorhanden. Du musst dich nur erinnern. Deine Aufgabe ist das, was du immer tun wolltest oder vielleicht auch schon damals getan hast. Eben das, worin du reine Glückseligkeit findest, sie ist deine allertiefste Sehnsucht, deine Idee vom Leben. In ihr findest du dein wahres Gesicht. Wenn du es gefunden hast, folge ihm, und du wirst glücklich und gesund sein. Leiste den Dingen Widerstand, die dich daran hindern, die dich lähmen. Und zwar so lange, bis du dein Leben nach deinen tatsächlichen Vorstellungen gestaltet hast. Nach den Vorstellungen deiner Seele.«

Mein Körper ist eiskalt. Aber er fühlt sich sauber an. Sauber, wie nie zuvor. Vorsichtig stakse ich aus dem Flussbett heraus und setze mich auf einen großen Stein. Ich lasse mich von der Morgensonne trocknen.

»Bitte den Fluss und die Steine, zu dir zu sprechen«, hatte Guai Yaga gesagt. »Sie können dir helfen, eine Antwort zu finden. Aber du musst darum bitten und in dir still werden. Lausche dem, was kommt.«

Für mich bedeuten diese Worte, dass ich mich auf einen Stein setzen und meditieren soll. Das klingt ganz wunderbar für mich. Ich bin in der richtigen Stimmung, heute meinem wahren Ich zu begegnen. Also schließe ich die Augen und versuche, mich gedanklich ganz leer zu machen. Ich nehme eine aufrechte Haltung ein und beginne, tief ein- und auszuatmen. Meine Füße ruhen auf einem kleineren Stein vor mir. Ich habe es bequem und werde nun ganz still in mir.

Ich überlege, wie mein Anblick auf einen Außenstehenden wirken mag. Eine meditierende nackte Frau mittleren Alters auf einem Stein. Ich muss über die Vorstellung schmunzeln, doch dann lasse ich den Gedanken sofort weiterziehen. Ich werde wieder still.

Mein Hintern beginnt zu kribbeln. Ich rutsche ein wenig herum und ändere meine Position. Dann werde ich wieder still. Ich atme ein, ich atme aus. Mein Kopf juckt. Ich kratze schnell. Ich atme ein, ich atme aus.

Ich denke an meine Arbeit. »Fort damit!«, schimpfe ich innerlich, schon leicht verzweifelt. »Raus aus meinem Kopf!«

Ich weiß nicht, wie ich atmen soll. Ich ändere erneut meine Position. Nun geht es besser. Die Sonnenstrahlen brechen durch die Zweige der Bäume und streicheln sanft und warm meine Haut. Ich fühle mich gut und werde langsam wieder still.

Nach anderthalb Stunden gebe ich auf. Ich nehme meine Kleidung vom Boden und ziehe mich an. Ich bin frustriert. So komme ich nicht voran! So werde ich meinem wahren Ich nie begegnen! So reichen siebzehn Tage nie! So nicht! Wie soll ich auf eine höhere Eingebung hoffen, wenn ich nicht mal aufhören kann, an meine Zimmerpflanzen zu denken? Guai Yaga wird sehr enttäuscht von mir sein. Ich bin enttäuscht von mir. Missmutig kehre ich zurück, um mir bei Guai Yaga Hilfe zu holen.

Doch schon von Weitem erkenne ich, dass ein Auto und zwei Pferde vor der Jurte stehen. Die Schamanin scheint sehr beschäftigt zu sein. Ich will sie nicht nur wegen einer Laune bei der Arbeit stören. Aber das bedeutet auch, dass ich mit meinem Anliegen bis zum Abend warten muss. Und das ausgerechnet jetzt, wo ich mich als spirituelle Versagerin fühle. Schon beim »kleinen Einmaleins«, einer einfachen Meditation, scheitere ich. Die Schamanin wird viel Arbeit mit mir haben. Ich wende mich ab und beschließe, einen Spaziergang zu machen.

Gestern war es besser, denke ich. Da war ich schon weiter. Ich habe mich fast selbst wie eine Schamanin gefühlt, allein mit dem Yak. Und wie ich mit ihm kommunizierte, das war schon fast überirdisch. Heute bin ich wieder ganz einfach die alte, von Unruhe getriebene Nida. Vor lauter Enttäuschung trete ich gegen einen kleinen Stein, der daraufhin einige Meter durch die Luft fliegt. Meine schlechte Laune ist dabei, mein Denken vollständig zu bestimmen. »Ich verschwende meine Zeit hier«, schimpfe ich. »Und Guai Yaga verschwendet ihre Zeit mit mir.«

Vielleicht ist meine höhere seelische Aufgabe auch genau das, nämlich in diesem Leben kläglich zu scheitern. Das haben mir die Steine verraten, stelle dich den Tatsachen, Nida. Ich könnte heulen, da höre ich plötzlich in der Ferne Geräusche. Regungslos bleibe ich stehen und lausche. Es ist ein lang anhaltendes, rhythmisches Klopfen, zart und federnd zugleich. Ich kann es nicht einordnen, doch ich höre, wie es näher kommt. Jetzt weiß ich, aus welcher Richtung. Ich wende mich um und erstarre. Der Anblick ist so wunderschön, sprichwörtlich atemberaubend. Mehrere Tausend Gazellen hasten in großen Sprüngen an mir vorbei – Gazellen. Ich bin sprachlos, dankbar für diesen Augenblick. Die Tiere wirken nicht ängstlich oder verschreckt auf mich, sie scheinen es auf ihre Art einfach eilig zu haben. Auch dass ich hier stehe und ihnen zuschaue, wie sie voller Lebensfreude elegant durch die Luft schnellen, scheint sie nicht weiter zu stören. Doch der Moment dauert nicht lange, dann ist die Herde fort, und von ihr ist nur noch eine aufgewirbelte Staubwolke zu sehen, die mich langsam und lautlos erreicht, als ich noch immer still und ungläubig dastehe und in die Richtung schaue, in welche die Tiere entschwunden sind. Wäre ich eine Gazelle, kommt es mir in den Sinn, dann wäre meine Lebensaufgabe klar und einfach umrissen.

Ich bin tief berührt von diesem Erlebnis. Ich setze meinen Weg fort und nehme das Gefühl mit. Langsam wird mir bewusst, wo ich mich befinde: an einem der schönsten Orte dieser Erde. Ich bin umgeben von unberührter Natur. Die Mongolei ist groß und dünn besiedelt. Hier zu leben bedeutet, im Einklang mit diesem Land zu sein, sich ihm mit ganzer Seele hinzugeben, egal ob Mensch, Steinadler oder Murmeltier.«

Schirner Verlag

Bildnachweis

Bilder der Bilddatenbank **www.shutterstock.com**:

Schmuckelemente auf allen Seiten:
Bildkreis: # 240348805 (© Anna Kutukova), **Papierhintergrund:** # 22606717 (© ilolab), **Vektor Vögel:** # 429662068 (© Allies Interactive)

Weitere Bilder:
Schmutztitel S. 1: # 557887963 (© Revich), S. 6: # 672687553 (© mr.wijannarongk kunchit), S. 8: # 622114214 (© Aureliy), S. 10/11: # 97564523 (© Lenar Musin), S. 14: # 336993668 (© Mr.Yotsaran), S. 19: # 357492275 (© Champ008), S. 21: # 536184256 (© Oksana Yurlova), S. 22/23: # 277633550 (© Euterpe), S. 24: # 621510635 (© KieferPix), S. 26: # 164410697 (© Pikoso.kz), S. 29: # 179268260 (© hecke61), S. 32: # 373099195 (© nomad-photo.eu), S. 36: # 542499676 (© BABAROGA), S. 39: # 337365596 (© Kerdkanno), S. 40: # 25298623 (© NatashaBo), S. 40/41: # 271155359 (© KieferPix), S. 44: # 442240204 (© G_Suriyaraks), S. 47: # 330221405 (© Kitja Kitja), S. 50: # 547849606 (© milanzeremski), S. 54: # 165615293 (© Lex-art), S. 56: # 613348664 (© NARAPIROM), S. 61: # 678433603 (© jdpphoto), S. 62: # 451955782 (© Franz Peter Rudolf), S. 64: # 617096600 (© NARAPIROM), S. 68: # 247448470 (© TWStock), S. 71: # 148681676 (© gornostay), S. 79: # 72164263 (© Allocricetulus), S. 80/81: # 240348805 (© Durch Anna Kutukova), S. 81: # 22635028 (© Low Chin Han), S. 83: # 502550572 (© Africa Studio), S. 84: # 411820204 (© Bogdan Sonjachnyj), S. 87: # 165084701 (© sunipix55), S. 92: # 384992380 (© irin-k), S. 96: # 285123059 (© Mirelle), S. 100: # 574423141 (© Ditty_about_summer), S. 102: # 279057098 (© sarayuth3390), S. 105: # 240120304 (© Serge Siro), S. 106/107: # 519485350 (© Mehendra_art), S. 109: # 336834452 (© CHAIYA), S. 113: # 245563078 (© Africa Studio), S. 120: # 472150699 (© Lily Sab), S. 123: # 650440084 (© kostin77), S. 125: # 412262995 (© tomertu), S. 127: # 389917207 (© Stanislaw Mikulski), S. 128: # 85936834 (© antoniomas), S. 131: # 426877441 (© eakkaluktemwanich), S. 132: # 412262233 (© Bogdan Sonjachnyj), S. 133: # 412683337 (© Bogdan Sonjachnyj), S. 137: # 620099702 (© lia.gukasyan), S. 140: # 437226166 (© Bogdan Sonjachnyj), S. 151: # 551219116 (© nadtytok), S. 156: # 651069082 (© Andres Westrum), S. 160: # 130082258 (© Venscovich Dmitry), S. 169: # 693082288 (© onajourney)